大家小书

春秋战国思想史话

嵇文甫 著

北京出版集团公司
北京出版社

图书在版编目（CIP）数据

春秋战国思想史话 / 嵇文甫著．— 北京：北京出版社，2016. 7
（大家小书）
ISBN 978-7-200-12099-8

Ⅰ．①春… Ⅱ．①嵇… Ⅲ．①思想史—中国—春秋战国时代 Ⅳ．①B22

中国版本图书馆CIP数据核字（2016）第077124号

总策划：安 东 高立志　　责任编辑：高立志 邓雪梅

· 大家小书 ·
春秋战国思想史话
CHUNQIU ZHANGUO SIXIANG SHIHUA
嵇文甫 著
*
北京出版集团公司
北京出版社　出版
（北京北三环中路6号 邮政编码：100120）
网 址：www.bph.com.cn
北京出版集团公司总发行
新华书店经销
北京华联印刷有限公司印刷
*
880毫米×1230毫米　32开本　6.25印张　102千字
2016年7月第1版　2018年5月第3次印刷
ISBN 978-7-200-12099-8
定价：32.00元
质量监督电话：010-58572393

序　言

袁行霈

“大家小书”，是一个很俏皮的名称。此所谓“大家”，包括两方面的含义：一、书的作者是大家；二、书是写给大家看的，是大家的读物。所谓“小书”者，只是就其篇幅而言，篇幅显得小一些罢了。若论学术性则不但不轻，有些倒是相当重。其实，篇幅大小也是相对的，一部书十万字，在今天的印刷条件下，似乎算小书，若在老子、孔子的时代，又何尝就小呢？

编辑这套丛书，有一个用意就是节省读者的时间，让读者在较短的时间内获得较多的知识。在信息爆炸的时代，人们要学的东西太多了。补习，遂成为经常的需要。如果不善于补习，东抓一把，西抓一把，今天补这，明天补那，效果未必很好。如果把读书当成吃补药，还会失去读书时应有的那份从容和快乐。这套丛书每本的篇幅都小，读者即使细细地阅读慢慢地体味，也花不了多少时间，可以充分享受读书的乐趣。如果把它们当成补药来吃也行，剂量小，吃起来方便，消化起来也容易。

我们还有一个用意，就是想做一点文化积累的工作。把那些经过时间考验的、读者认同的著作，搜集到一起印刷出版，使之不至于泯没。有些书曾经畅销一时，但现在已经不容易得到；有些书当时或许没有引起很多人注意，但时间证明它们价值不菲。这两类书都需要挖掘出来，让它们重现光芒。科技类的图书偏重实用，一过时就不会有太多读者了，除了研究科技史的人还要用到之外。人文科学则不然，有许多书是常读常新的。然而，这套丛书也不都是旧书的重版，我们也想请一些著名的学者新写一些学术性和普及性兼备的小书，以满足读者日益增长的需求。

“大家小书”的开本不大，读者可以揣进衣兜里，随时随地掏出来读上几页。在路边等人的时候，在排队买戏票的时候，在车上、在公园里，都可以读。这样的读者多了，会为社会增添一些文化的色彩和学习的气氛，岂不是一件好事吗？

“大家小书”出版在即，出版社同志命我撰序说明原委。既然这套丛书标示书之小，序言当然也应以短小为宜。该说的都说了，就此搁笔吧。

前　言

聂保平

年鉴学派的代表人物费尔南多·布罗代尔有一个说法——“长时段”史观，即以比观照省思对象的历史更长的历史视野作为理解背景，去理解某一具体时段的人、物、事及其关联，其真实性及其意义才会得到更为妥帖的梳理和呈现。嵇文甫先生的《春秋战国思想史话》（后文简称《史话》）对诸子思想的梳理，即是如此，值得读者细读。

嵇文甫（1895—1963），著名哲学家和历史学家。1913年夏，考入北京大学预科，不久即因家境困难而被迫辍学。1915年，在积累了一年半的微薄收入之后，又赴北京，考上了北京大学。同班同学中包括后来和他并称“南冯北嵇”的冯友兰等著名学者。1926年赴苏联莫斯科中山大学学习。1928年回国，先后任教于清华大学、北京大学、燕京大学、中国大学、北平女子师范大学等。建国后任河南大学副校长、校长；郑州大学首任校长等职务；1957年当选中国科学院学部委员。他的思想史研究主要专注于先秦及晚明清初时段，先秦段研究著作主要有《先秦诸子政治社会思想述要》、《先秦诸子与古代社会》等，而《春秋战国思想史话》则被誉为其晚年的定谳之作。该书写成于1958年，出版于1961年，绝版多年后，曾收入《嵇文甫文集》下卷。

我们知道，中华文明是世界古文明中唯一绵延至今的文明，中国也是唯一一个以一统形态存续了二千多年，其文化形态和风俗习惯都没有根本性变化的国家。这里就有一个问题值得追问：是哪些因素能够支撑一个文明与国家褒有如此顽强的生命力？以布罗代尔长时段史观中“稳定的社会文化心理结构”的视野看，可以说正是春秋战国时期的思想文化，为中华文明形成这样的“结构”奠定了基础。

进一步的问题是：它们是如何奠定的？简单来说，即是诸子思想及其功用具有多元互补性。按照嵇先生以长时段的历史眼光作出的理解，春秋战国是“中国思想史上一个最灿烂的时代”，“各放异彩”的诸子思想，并没有因为秦始皇的一把火就给烧灭绝了，相反，它们发生了转化和蜕变。嵇先生认为，诸子思想虽然主张极鲜明，但“经彼此摩荡的结果，各自的锋棱，各自的极端性，都渐渐磨掉”，这是各家学说蜕变的过程，也是调和互补的过程。秦汉一统国家建立后，儒家取得“独尊”的地位，但“这样的儒家，毕竟‘网开三面’，对各家的残余显示其恢宏大度”。从大一统的历史演进过程看，这个互补和“网开三面”的结果是：政治层面是外儒内法，即政治上看起来是儒家式的纲常维系，但实际上尤其中枢权力是按照法家式的君臣之术运作的；社会层面是外法内儒，即看起来法令禁忌繁多，但维系社会稳定的要素主要还是儒家的伦理风俗和宗法传统；国家精英层面则是儒道法兼融，即一统国家的一流人物，几乎都是儒道法（唐之后又融入了释，即佛教）兼综而用的代表，如著名的“萧规曹随”，以及宰辅典范如谢安、魏征等，是有为与无为相结合的成功范例，而陶渊明、李白、苏东坡等，则是儒道释融合的人生样本。明晰这些历史基本面，再看《史话》的具体内容，大概就能触摸到春秋战国思想及其功用的质地。

在《史话》中，嵇先生对诸子思想作出了很多启示性的理解。孔子作为中国思想文化的奠基人之一，很大程度上讲，既因为他是集大成的文化继承者，这体现为他对“礼”的整理与继承，也因为他总结前贤往圣的生命质地，从中提炼出“仁”来作为人之为人的质地。虽然后人都认同孔子以“仁”讲“礼”，以“礼”行“仁”，但嵇先生却拈出“心安”来解释孔子的以仁讲礼，认为“一切礼也都为行心之所安，自尽其为人之道”。这样的理解，显然不是把“礼”看作是仪式化的规制，而视“礼”为显现和实现“仁心”的载体与通道。在有关墨子思想的梳理中，嵇先生对儒墨做了比较性的分析，他认为墨家的思想质地是讲“齐”，即尽可能“整齐划一”，而儒家则认可“畸”，即应该也可以不一样。基于此，虽然儒墨都讲节制之“用”，但儒家讲“用”的文化政治的意义多些，而墨家之“用”只是就维系生活的基本物质内容立说。儒墨也都讲“爱”，但儒家的“爱”重在内心，由“亲亲”开始，墨家之“爱”却注重外在实效。至于道家，嵇先生以“反”字为“秘诀”去理解老子的思想，实为简明之极；以“变”去理解庄子思想，认为名家学说具有“市民性”，也是卓识。

《史话》对孟子和荀子关于人性善恶的看法，最有拨云见日之效。嵇先生拈出极普通的“可以”二字，即化解人们对孟荀人性论理解的歧见。他说：“孟子说来说去只不过是说性‘可以为善’，但‘可以为善’还不能说就是善啊。”同样地，由于荀子认为“小人可以为君子，却不肯为君子；君子可以为小人，而不肯为小人。小人、君子者，未尝不可以相为也，然而不相为者，可以而不可使也。”（《荀子·性恶》）故嵇先生说，“既然说‘可以为善’不能算就是‘善’，那末，同样的，‘可以为恶’也不能算就是‘恶’。”这类原典中极明晰的道理，如今不少研究者有漏看罔顾之嫌，而偏偏去费口舌争孟荀“性”之善恶的纯粹性，其故安在？

嵇先生精熟当时盛行的阶级分析法，对西方思想也相当明白，但它们只是其梳理传统思想文化的工具，在本书中并没有上升为衡量本土思想文化的标准。这在当时的情形中，尤为难得。嵇先生曾分别于1954、1956年作《怎样对待文化遗产》和《珍视祖国的思想遗产》两文，其中提出应严肃而宽容地对待文化遗产，“严肃”是指对文化遗产进行“仔细审谛”；“宽容”是指不对古人求全责备。也因为此，嵇先生在回忆自己早年在北京大学开课情况时说，鉴于中西思想的不同，西方有些关键性的概念，在中国思想中找不到对应词，于是，他“不迁就那些名词”（指西方的宇宙论、认识论等），而把“宋代哲学”的课程讲义名为“宋儒学说讲稿”。通览《史话》，贯穿其中的就是嵇先生这种对本土文化的深切认知与情怀。顺带说明的是，这种情怀在他人生最后两年对晚明思想的反思与研究中，体现得更为充分。

《史话》本为当时的青年人了解传统思想文化而写，嵇先生对自己写作的要求是：把道理讲透，“要叫人家看得懂”。我想，即使今天能把思想史写得如此深入浅出的学者也是不多见的，我们忽略那些当时不得已的表述，《史话》依然是一部让人开卷有益的简明断代思想史。

这次出版《史话》，还附入了《民族哲学杂话》，以便让读者更贯通地理解春秋战国思想，如果说《史话》是以流派为纲；那么《杂话》则是以范畴为目，嵇先生特别拈出中、仁、诚、理气、天人、义命、常变、一多、行知、王霸等十个我们绕不开的本土思想核心范畴，不拘形式，自抒心得，娓娓道来，俱见精光。《杂话》写于抗战时期，其对当下时事的究心，正是“见危授命”的儒家式士人情怀的显现。后来钱穆《中国思想通俗讲话》，体例和《杂话》大同小异，映现的也许是那个时代知识分子悟解中国思想的共通性表达方式吧。

本书的编校是根据初版以及《嵇文甫文集》卷下《春秋战国思想史话》部分，择优而从。对其文字与表述要特别说明的是：因为属于经典作品，为了保存原貌，审校过程中我们不做语言文字的规范化统一。

2013年11月5日

于苏州大学

目 录

附　民族哲学杂话

向青年读者说几句话

（代序）

这本小书是特意为贡献给青年朋友们而写出的。首先考虑到的一个问题是，为什么青年们要读中国古代思想史？作为一个现代的青年了解这些古老思想，究竟有什么必要，有什么好处呢？我想从三方面来谈一谈这个问题：

第一，可以使青年认识和热爱祖国丰富的思想遗产。中国是世界上伟大的文明古国之一，我们的祖先，在他们长期历史活动的实践过程中，发挥了无穷的聪明智慧，积累了很多宝贵经验，给我们留下无比丰富的文化遗产。例如近几年来，我们在祖国医学、农学、艺术……各方面所发掘出来的许多宝贵东西，大大引起国际间的重视，予以很高的评价。这就证明，决不象胡适所说那样，我们的祖先，这也不如人，那也不如人。恰恰相反，我们的祖先遗留给我们巨大文化宝库，使我们得以拥有这许多优秀的文化财富，拿来贡献给全人类而自豪。从思想史来看，每一个时代都有杰出的思想家，他们以其创造性的思想劳动，揭露真理，反映现实，推动时代前进。就拿春秋战国来说，真是一个光辉灿烂的时代。当时诸子百家，著书立说，各有自己的阶级立场，各有自己的政治主张，各有自己的思想方法，各有自己的人生观和宇宙观。思想上的“百家争鸣”，正反映了一个伟大历史变革的时代，反映了社会现实生活的种种动态。真是洋洋大观，可以给我们多方面的启发和教育。但是有些人看不见祖国这种丰富的遗产，把一部中国思想史用“封建落后思想”几个字一笔抹杀，反以掇拾外国学者的一言半语而沾沾自喜，这种妄自菲薄的思想和态度是非常要不得的。我们认为要青年学习中国古代思想史，正是要掘开我们祖先流传下来的思想宝藏，把那些琳琅满目的各家学说有批判地介绍给青年看，使他们认识它、熟悉它，以至重视它，引起他们对于祖国的自豪感。这是一种有力的爱国主义思想教育。

第二，可以使青年受到一种生动的历史唯物主义教育。我们讲古代思想史，不是把各家各派的学说随便罗列出来，任意地乱讲，而是要以历史唯物主义的观点，阐明历史发展的客观规律性，指出在一定历史条件下，某种思想怎样产生、发展和消灭；怎样代表自己的阶级利益，为阶级斗争服务；怎样反映现实，而又推动现实，指导现实，这里面是有一种深刻的科学理论贯注着的。比如孔子、墨子、老子的学说，各有它的社会基础，和一定的具体历史条件相联系，都不是偶然出现的。有些人不懂得历史发展的客观规律性，而只是孤立地就思想论思想，抓住些表面的现象，随便解释，任意附会，于是乎什么“积极的救世派”和“极端的破坏派”的笼统头衔顺手给孔子和老子分别送上（见胡适《中国哲学史大纲》），而墨子竟成了印度人（胡怀琛和卫聚贤讲的），这算什么思想史呢！我们认为中国思想史和其他各民族的思想史一样，都不能跑出一般历史发展规律以外。我们的任务，就是要踢开那些唯心主义的胡诌，从中国思想史的具体事实中，探索它的客观规律性，显示出历史唯物主义的真理。有些青年朋友们可能对于历史唯物主义的理论概念还很生疏，如什么“社会存在决定社会意识”啦，“经济基础与上层建筑”啦……可能还不大理解其具体含义。可是我们也不一定要搬弄这些名词和概念，只要根据历史唯物主义的精神实质，实事求是地、很具体地把中国思想史上的真实情况叙述出来，那就是最生动的历史唯物主义教育，那将比抽象地讲理论更容易理解，也更有丰富的内容。

第三，可以揭破那些神秘说教，给青年们一种思想斗争的武器。我们珍重和热爱我们祖先传下来的思想遗产。但是这种珍重和热爱是有分析的，一定要辨别清楚哪些是“精华”，哪些是“糟粕”；同时也是恰合分际，立脚在现实上的，决不是脱离实际，莫明其妙地乱捧。有许多反动学者、顽固派或国粹主义者，硬想把中国拉出一般历史发展轨道以外，把中国说得一切特殊，一切优越，把几个古代“圣贤”推崇到不可理解，好象不是这个世界中的人的样子。梁漱溟就是个例子，他讲什么“孔家哲学”“周孔教化”……真是神乎其神。照他的讲法，好象偏偏我们中国得天独厚，当上古时代，就降生下周公、孔子这样的大圣人，给我们“制礼作乐”，使我们能过着“理性”的生活，懂得人生的真义，直至形成汉以后“伦理本位”“职业分途”那样独特的社会，没有走上象西方那样阶级斗争的错误道路，看是多么美妙吧！我想青年朋友们听到这种怪论，一定会感觉到莫明其妙，要想批评，也苦于摸不着头脑。其实这些怪论是经不起历史唯物主义的阳光照耀的。任何思想学说，归根究底，都不能不是它那个一定历史时代的产物，从一定现实社会中生根，给一定社会阶级服务，都不是那么神圣，超出凡尘的。我们讲古代思想史，正是要帮助青年认识那些稀奇古怪的东西，撕破它们那些美丽的面纱，剥露出它们的真实形象来，不再陷入它们的迷魂阵。

从以上所述看来，叫青年读古代思想史实在具有很大的现实意义，决不是什么多余的事，自然，这里面也有很多困难。首先说，那些古老的思想体系，以及表达的方式和使用的术语，对于现代青年来说，都是很生疏，不习惯的。什么“性”啦、“道”啦、“理”啦、“气”啦，都是些现代读物上所绝少碰到的老名词。青年一读这些书，简直象走进另一个世界，到处陌生，这已经够别扭了。如果再加以旁征博引和烦琐考证，那真要把人陷入云里雾中，又怎么能叫青年来接近它呢？为着减轻青年们阅读的困难，就要求写古代思想史这一类书必须写得很通俗，能把那些古老思想用明白生动的现代语言表达出来。但是要满足这一要求也不大容易。既需要把那些古老思想剥烂揉碎，融会贯通，理会得透熟；又需要能真正掌握历史唯物主义的精神实质，灵活运用，而不是教条主义地生拉硬套，另外还得善于写深入浅出的通俗文字。不具备这几点，要写出一本适合于青年阅读的古代思想史是办不到的。我自己知道水平低，没有具备这些本领。现在写《春秋战国思想史话》这本小书，谨持这种态度：不旁征博引，作烦琐的考证；不支离蔓衍，在枝叶上纠缠；不模糊影响，讲些连自己也不懂的道理；而只是提纲挈领地，抓住些明明白白的主要论点，就自己所能理解到的讲个透彻；遇有必须引用的古书原文，该解释的解释，该翻译的翻译，总之要叫人家看懂。这是我的一点小小企图，究竟是不是真能办到，我也没有把握。如果青年朋友们读这本小书，能随时给我提出宝贵的意见，那自然是我最恳切希求的了。

第一章　春秋战国

——一个“百家争鸣”的伟大历史变革时代

一提到春秋战国，大家都知道这是中国思想史上一个最光辉灿烂的“百家争鸣”的时代。在这个时代里，出现了那么多的思想派别和那么多的杰出的思想家，形成了那么尖锐而复杂的思想斗争的场面。这是秦汉以后两千年来，任何时代都不能比拟的。到底是怎么一回事呢？为什么那个时代的学术思想特别活跃，特别繁荣呢？难道说那是偶然的，真象某些人所说的“运会使然”？难道说那只是几个大人物随心所欲地创造出来的局面？这种神秘的、唯心主义的历史观，自然是极端荒谬的，不能够解决任何问题。我们应该知道，每一个时代的思想潮流，都是那一个时代现实社会生活的反映，都有它一定的历史条件，一定的物质基础。要想了解春秋战国时代为什么会呈现出那样五光十色的思想流派，就必须从当时整个的伟大历史变革中求其根源。

春秋战国时代是中国历史上一个社会大转变的时代，这是大家向来所公认的。过去的历史学家常常好讲“三代以前”怎么样，“三代以后”怎么样，在中国历史的发展上明显地划出一条分界线。他们所谓“三代以后”，事实上是指周室东迁以后，从春秋战国时代开始的。不管他们对于这一个历史大变革是怎样认识，怎样估价，也不管直到现在大家对于这个历史大变革的性质——究竟是从奴隶社会向封建社会的转变呢？还是从封建社会前期向封建社会后期的转变呢？——有着怎样不同的看法，但是总没有人否认这是历史上一个大变革的时代。我们现在姑且撇开理论上的纠缠，只就这个历史大变革时代的显著标志谈一谈吧。

（一）农村公社的瓦解

中国古代社会的发展，也和世界上其他民族一样，是经过一个农村公社广泛存在的历史阶段的。大概当殷周时代，虽然已经出现了奴隶制度，已经进入到奴隶制社会，但是并没有因此就摧毁了从原始社会蜕变下来的农村公社，而是和农村公社结合起来，形成一种特殊的奴隶制社会。这种农村公社的具体形态，表现为所谓“井田”制度。什么是“井田”制度呢？照郭沫若先生的说法，乃是按“一定亩积”而“规整划分”的一种土地制度。也就是说，按一定亩数，划成一方块一方块的，分配给农民去耕种，好象井的形状，这就叫作“井田”。当时土地还没有成为个人的私有财产，而是属于国家的。所谓“普天之下，莫非王土”，“王”就代表着国家，实际上也就是代表着全体贵族，因为那时候的国家是贵族的国家，是贵族对于一切公社成员和奴隶实现阶级统治的一种工具。这样，我们可以说，当时的土地制度实际上是为全体贵族所公有的土地国有制，而不是土地私有制。在这种制度下，土地不能自由买卖，而是由国家分配的。国家按定例一份一份地把土地分配给农民去耕种，同时又连土地带农民一份一份地按等级分配给贵族，以供养他们。这就是说以国有的名义，而仍保存着农村公社的形式。在这个土地制度上面，供养着天子、诸侯、大夫等一系列大小不等的贵族所组成的一个庞大贵族层，他们共同来剥削广大农民的劳动果实。农民一方面是公社成员，同时也是国家和贵族的奴隶，这种特殊的土地制度和阶级关系，标志着殷、周奴隶制社会的主要特征。

到了春秋战国时代，由于铁器的广泛使用，生产力大大提高。于是乎贵族们利用农民的剩余劳动力，在公田以外，大量开垦荒地，成为自己的私田，逐渐造成“私肥于公”的现象；同时，随着农业技术的提高，逐渐把三年重新分配一回的井田制下的旧办法，改变为在一块土地上划分成两片或三片轮流耕种的“辕田制”的新办法，使农民所耕种的土地长期固定下来，不再频繁地重新分配，这就向土地私有制靠近了一步。到了商鞅变法，“废井田，开阡陌”，“任民所耕，不限多少”，把土地制度来了个彻底改革，从此确立了土地私有制，而从春秋中叶以来农村公社逐渐瓦解的历史过程到这时候也就完成了。这是一个根本性的大变化，因为它动摇了殷、周奴隶制社会的经济基础。随着农村公社的逐渐瓦解，不仅在经济上引起很大的变化，而且在政治上、军事上，乃至社会风气和人们的思想意识上都引起了一系列的变化。这的确是一个历史变革的显著标志。

（二）工商业的兴起

如上所述，以农村公社为基础的殷、周社会，是一种自给自足的社会。每一个公社自成一个小天地，和外界的经济联系是很稀疏的。当时，农民的衣食所需，自然都是亲手自造，简陋的农具也不一定需要去找匠师；就连贵族们生活上所需要的东西，也自有他们统治下的农民来供给，不仅供给农产品，而且还要“为公子裘”，“为公子裳”，服各种工役，献各种用品，什么都包办下来了。自然，有些高级用具和奢侈品需要专门技巧或者从远方罗致，不是公社中一般农民所能供给的，所以特别从公社中选拔出一部分人，让他们专门从事工艺和商业的活动。但是这只是隶属于官府，专为贵族服务的一种官工、官商，还不是一种私人独立的社会行业，正和农民隶属于贵族而不能独立于社会以外是一样的。但是从春秋以后，工商业就逐渐发达起来。到了战国，更显然形成了一个工商业空前繁荣的新时代。

春秋战国时代工商业的发达，表现在都市的兴起，表现在商人的活动，表现在货币的流通，表现在手工业的多样分工。正如孟子所说，“一人之身而百工之所为备”，一个人所需用的东西，已不能全由本身自造，而必须由各种手工业者来供给，所以不能不“通功易事”，拿出各自的生产品互相交易。荀子还说：“北海则有……然而中国得而畜使之；南海则有……然而中国得而财之；东海则有……然而中国得而衣食之；西海则有……然而中国得而用之。故泽人足乎木，山人足乎鱼，农夫不斫削陶冶而足械用，工贾不耕田而足菽粟。”可见当时全中国各区域间交易频繁，已经形成一互相联系，互相依赖的经济网，绝不象从前那样各公社隔绝孤立，老死不相往来，纯是自然经济的世界了。由于工商业的发展，形成了许多繁盛的都市。如齐国的临淄，居民就有七万户，苏秦曾形容道："临淄之途，车毂击，人肩摩，连衽成帷，举袂成幕，挥汗成雨。家殷人足，志高气扬。"这种繁荣景象，当然是春秋以前所看不到的。

（三）阶级关系的变化

随着经济基础的变化，整个的社会结构，阶级关系也都起了变化。很明显的如：

（1）贵族的没落　当殷周时代，一切政治经济等都为世袭的氏族贵族所垄断。到农村公社逐渐瓦解，土地变成可以买卖的东西以后，他们的经济基础已经很不稳固了。并且随着工商业的发展，从各方面汇集来的新异物品，不断刺激一般贵人们的欲望，使他们的生活日趋豪奢腐化，渐渐陷入贫困的深渊。于是乎他们一方面加紧剥削农民，一方面向商人高利贷者去乞讨，再一方面竭力从事掠夺土地的战争。在不断的内外战乱中，在骄奢淫逸的大量消耗中，贵族的命运只有一天一天地衰败下去。"弑君三十六，亡国五十一。""栾、郤、胥、原、狐、续、庆、伯，降在皂隶。”我们只要翻一翻《左传》，就可以看到穷途末路的贵族的没落景象活现眼前。

（2）地主的兴起 地主是随着土地私有制而出现的一个新兴阶级。他们或者是原来的贵族，利用农民的剩余劳动力，增值许多私有田产；或者是由于经商投机而致富，在自由买卖的条件下兼并了许多土地。这些都是在农村公社逐渐瓦解中所发生的新现象。他们能够“尽地力”，把正在发展的农业生产力从农村公社——井田制——的束缚中解放出来，由于自由兼并的结果，遂造成从前所没有的“富者田连阡陌，贫者无立锥之地”的现象。从此封建地主代替旧的氏族贵族而成为新兴的统治阶级。

（3）市民的活跃 在一个自然经济的社会中，根本就无所谓都市，自然也无所谓市民。自从工商业有了发展，许多工商业者聚集在一处，于是乎都市慢慢形成了，跟着也出现了市民阶级。当时市民中最活跃的是商人。从《左传》《国策》《史记·货殖列传》中，可以找出很多春秋战国时代商人活动的例证。其他还有很多从事手工业以至屠狗卖浆……形形色色的人物，他们在市民中形成一个特殊阶层。

（4）小农的破产 当春秋以前，公社农民臣属于贵族，照例领得一份土地去耕种。农村公社逐渐瓦解后，这些小农算是解放了。可是在土地自由兼并的新情况下，他们时时刻刻受着失掉土地的威胁。他们有的转化为佃农、雇农，甚至沦落为奴隶，也有一部分流浪到城市，成为城市的贫民。他们在一种新的潮流中被解放了，同时却又被这一新的潮流所吞没。秦汉以后中国农民的历史悲剧，从此揭开了序幕。

（四）反映在思想界的阶级斗争

当社会大变动的时期，各阶级盛衰消长，起了很大变化，彼此利害迥然不同，尖锐地对立着，都要为自己的阶级利益而斗争。这反映在思想界，就形成“百家争鸣”的局面。我们从表面上只看见春秋战国时代各学派争辩得那样热闹，却不知那里面正包含着各阶级的现实利害关系，包含着极其尖锐的阶级斗争。

春秋战国时代究竟有多少学派呢？这很难说。司马谈讲“六家”（儒、墨、名、法、阴阳、道德），《汉书·艺文志》讲“九流”（儒、墨、道、法、名、阴阳、纵横、农、杂。另有小说家不列在九流之数），荀子、庄子，说法又各有不同。我以为司马谈所讲的“六家”，的确都是当时的重要学派，可是除了这“六家”以外，自成一家之言的还很多。我们现在不必纠缠在这些学派的分合上，更重要的是分析这些学派所代表所反映的阶级关系。

大体说来，儒家是古代贵族文化的保持者。他们讲礼乐，讲名分，讲宗法，讲井田，讲孝弟仁义，把传统的贵族文化加以总结，加以整理修订，加以系统化、理论化，并赋予了一些新内容、新意义，想用以教化人民挽救当时社会的危机。这种代表贵族的学说几经变化与发展，一直成为后来统治阶级的正统思想。墨家舍己为人，长于技巧，直接和儒家相对立。他们所代表的是下层社会，而特别和手工业者接近。道家代表已经没落了而过着隐遁生活的贵族。他们饱经世变，阅历过许多成败兴亡，看破了人世的“繁华”，又因为沦落在社会下层，接近农民，所以对当时的统治者抱有反感，而时时流露出不平的叹声。法家是新兴地主阶级的代言人，讲变法，务耕战，积极进取，什么古先圣王，孝弟仁义之类都不放在眼中，气象极为泼辣。名家辨名析理，富于抽象概念。他们用诡辩方法打破一切传统的是非然否的标准。他们显然是从市民的环境中产生出来，而带有商人的色彩。阴阳家可以说是儒家的别派，他们另有一种适应新贵族要求的学说。还有农家的许行，他的学说的确是代表朴素的农民思想。总而言之，诸子百家从各方面代表着各自的阶级利益。学术上的“百家争鸣”，正反映出当时社会在历史大变革中尖锐的阶级斗争。下面我们就举出各学派的几个主要代表人物，把他们的学说作一稍为具体的叙述和分析。

第二章　孔子

孔丘（公元前551—前479年），字仲尼，鲁国人。他本是殷朝的后代，世为宋国的公族。自从他的远祖大司马孔父死于殇公之乱，家人流亡到鲁国，才为鲁人，姓孔氏。他的父亲叔梁纥曾做过郰邑大夫，但早死，所以孔子幼年是孤贫的。他当过委吏（管会计）和乘田（管牛羊）等下级小吏。在政治上最得意的一个短时期是他当鲁司寇（管刑法），并且跟着鲁定公去赴夹谷之会，折服了齐国，取得些外交上的胜利。除此以外，便是带着许多学生，“周游列国”，却是始终没有得志。直到晚年才回鲁国，专门从事教育和著述事业以终。现存《论语》一书，可以说是孔子的一部言行录，是孔门弟子及再传弟子们编的，这是研究孔子思想的最主要最可靠的材料。

（一）金鸡一鸣天下晓

孔子是儒家的创始人，就他的学术思想和根本立场来说，他应当算是守旧，而不能算是开新。但是一种学术界的新风气却是从他开始了。本来，春秋以前，学在官府，各种学术为贵族所独占，一般人很难得到学习文化的机会。到了春秋时代，随着政治上和社会上的变化，各种典章制度也都不能维持原来的样子。于是世代掌管各种专业的职官，如礼官、乐官之流，渐渐失掉了他们的旧职，所谓“官失其守”，而流散在民间。孔子并没有固定的老师（所谓“无常师”），他问礼于老聃，访乐于苌宏（一作苌弘。——编者注），学琴于师襄……到处访问搜求，正是向这些人学到很多东西。他把这些东西整理概括，删诗书，订礼乐，赞《周易》，修《春秋》，传授给很多学生。从此开创了私人讲学的风气，于是乎一个学派一个学派接着出来，形成“百家争鸣”的局面。就这一点讲，孔子对于诸子百家的兴起，好象起了“金鸡一鸣天下晓”的作用。这在中国思想史和教育史上有很大的意义。后来读书人把孔子奉为大祖师，好比木匠敬鲁班，铁匠敬老君一样，也并不是偶然的。

（二）礼与正名

孔子所传授的古代学术的内容是什么呢？概括地说，就是一个“礼”字。周朝人使用这个“礼”字很广泛。试看《左传》上记载列国士大夫，每评论一件事，总好说“礼也”，或者说“非礼也”。我们现在常讲“合理”或“不合理”，“合法”或“不合法”，而他们所讲的却是“合礼”或“不合礼”。“礼”不仅是指着冠、婚、丧、祭等的各种仪节而言，而实在是当时的一种道德规范，把当时社会中的等级关系和宗法关系具体表现出来。当时对于等级关系和宗法关系讲得很严格，也就是说把尊卑、贵贱、亲疏、厚薄，划分得很清楚。比如说：“天子堂高九尺，诸侯七尺，大夫五尺，士三尺。”堂的高低有一定尺数，一看就知道是哪一个等级的堂。“天子之妃曰后，天子死曰崩，诸侯曰夫人，大夫曰孺人，士曰妇人，庶人曰妻；诸侯曰薨，大夫曰卒，士曰不禄，庶人曰死”，随着身份地位的不同，对他的老婆的称呼也不同，甚至对于他们的死也不一样说法，如此等等，规定得很具体，很明确，这都叫作“礼”。一个“礼”字，把当时整个社会秩序，社会关系，一切典章制度都概括了。

但是从春秋开始的社会大动乱，使一切旧制度、旧秩序都维持不住，把许多“礼”都弄得名存实亡，徒具形式，甚至大夫竟敢乱用天子的礼乐，简直闹得君不象君，臣不象臣，父不象父，子不象子，这真是古代贵族统治下的社会大危机。为着挽救这个社会危机，于是孔子出来，要把周朝的旧典整理恢复，以继承文、武、周公的大业。他时常“梦见周公”。对于周公的“制礼作乐”，他的确是“心向往之”的。当时虽然已经是“礼坏乐崩”，但周朝的旧典毕竟还存在，还没有象后来战国时代那样的彻底破坏，荡然无存；当时的周天子，虽然仅拥虚位，但在名义上毕竟还是个“天子”，不象以后七国都称起“王”来，而周天子反而降称为“东周君”和“西周君”，这个“天子”的名义也不存在了。有个名义，有个形式存在，比着连这个名义和形式都不存在，毕竟还要好些，还要比较容易地把旧典恢复挽救回来。正是在这样条件下，孔子提出了“正名”的主张。

有一次，他的学生子路问他，假如到卫国去执政，首先要做什么事。他回答道：“必也正名乎。”他首先要做的一件事就是“正名”。为什么“正名”这样重要？他下边解释道：“名不正则言不顺，言不顺则事不成，事不成则礼乐不兴，礼乐不兴则刑罚不中，刑罚不中则民无所措手足。”这关系可大了。我们常说“名正言顺”，那典故就是从这里来的。怎样“正名”呢？它的具体内容正如孔子对齐景公说的：“君君，臣臣，父父，子子。”这就是说，君要成个君，象个君，合乎君之道；臣要成个臣，象个臣，合乎臣之道；父要成个父，象个父，合乎父之道；子要成个子，象个子，合乎子之道。每一个“名”都有它一定的含义，一定的道理。我们常说，“顾名思义”。君、臣、父、子只要各按它那个“名”的含义，各按它那个“名”所指示的道理做去，自然就各得其当。所谓“君不君，臣不臣，父不父，子不子”，就是说和自己那个“名”不相称，就是“名实不符”。孔子很重视那个“名”，首先要做到“名正言顺”，这样就可以使人“顾名思义”，终于达到“名实相符”，恢复了那些“礼”，那些旧典的精神。举一个具体的例子来说吧。如《春秋》上有这么一句：“天王狩于河阳。”就是说周天王到河阳那个地方去巡狩（巡查诸侯们称职不称职的意思）了。单就这句话看来，冠冕堂皇，周天子还是赫赫威灵，蛮象个天子的样子。其实呢，这一次周天子到河阳去并不真是什么“巡狩”，而倒是晋文公把他召去的。“诸侯”竟然能召“天子”，假如据事直书“晋侯召王于河阳”，还成什么话！真叫作名不正而言不顺。现在不那样说，不管实际上如何，天子总是以巡狩的名义到河阳去的。这样，“天子”还俨然是个“天子”，总算维持住体统。尽管诸侯那样跋扈，但是名分所在，不容僭越。孔子修《春秋》，在这些地方极为严正，正是贯彻他的“正名”主义。后来有“名教”之说，什么“纲常名教”，“名教罪人”都是从孔子这种“正名”思想演变来的。

（三）仁——孔子的一个中心概念

孔子继承古代学术的主要内容是一个“礼”字，而他的一个新贡献，他所赋予“礼”的一个新意义，却在一个“仁”字。一部《论语》讲“仁”的五十八章，用“仁”字一百零五个，可见“仁”这个概念在孔子学说中的重要。什么是“仁”？虽然讲法很多，但是我总觉得还是孟子讲得亲切中肯，即：“仁也者，人也。”“仁，人心也。”“仁”就是“人心”，就是“人”之所以为“人”。换句话说，不“仁”就是没有“人心”，就不算“人”。这样讲法好象很笼统，其实最可以表达孔子学说的真精神。孔子的进步方面和保守方面都可以从这里看出来。关于这一层，还需要多说明几句。

首先，孔子这个“仁”的概念可以说是一种人文主义思想。因为他强调了“人”，处处讲人道所当然，讲人之所以为人，把什么问题都归结到人心和人性上，正和那种天鬼迷信，神权思想相对立。最明显的表现，如他说：“务民之义，敬鬼神而远之”，“未能事人，焉能事鬼”，“未知生，焉知死”。他只重视做人的道理，对于鬼神问题存而不论。不过这里好象存在着一种矛盾：一方面要“敬”鬼神，另一方面却又要“远”鬼神，对于鬼神问题并未多加考虑，鬼神究竟是有是无，还没有确定，而却大讲其丧礼和祭礼，对象还没有弄清楚，究竟向谁行礼呢？这似乎讲不通，其实孔子已经拿人文主义的精神把这个问题解决了。他明明讲“务民之义”，也就是说“尽其为人之道”。为什么要“敬鬼神”？从孔子看来，这也只是尽其为人之道，使自己心安理得，究竟有没有鬼神来接受我的“敬”，那倒不必追问。他把“敬鬼神”，把丧礼和祭礼，根本看成人的良心问题，是“崇德报功”而并不是迷信，是“人”的问题而并不是“神”的问题，是“心”的问题而并不是“物”的问题。例如古代有一种祭祀名叫“蜡”，连什么猫啦、虎啦都祭祀，这分明是一种拜物教的遗迹。但是孔子却说：“古之君子，使之必报之。迎猫，为其食田鼠也；迎虎，为其食田豕也。……蜡之祭，仁之至，义之尽也。”（《礼记·郊特性》）那怕是草木鸟兽，只要使用过它，得过它的好处，就要报答它。尽管对方完全不知道，甚至根本是无知之物，我也不辜负它的好处，也要尽自己的心尽自己应尽之道。一片真情厚意好心肠，所以说是“仁之至，义之尽”。这里面一点原始迷信意味也没有了。又如，他的弟子宰予以为父母死了，守丧三年，时间太长了，主张缩短一下。他就诘问道：“食夫稻，衣夫锦，于汝安乎？”（三年丧期未满，让你吃稻米，穿锦衣，你心里安吗？）哪知宰予竟然很直率地回答道：“安。”于是乎孔老夫子只好说：“君子之居丧也，食旨不甘，闻乐不乐，居处不安，故不为也。今汝安，则为之！”（君子居丧，原来是因为吃饭也吃不下，听音乐也听不下，正常居处着心里不安，所以才不那样办。现在你既然“安”，那你就那样办吧！）宰予吃了个没趣出来了，老夫子还恨恨不已地说：“予之不仁也！子生三年，然后免于父母之怀。予也，有三年之爱于其父母乎？”（宰予真是不仁啊！每一个孩子生下来三年才能离开父母的怀抱。宰予啊，你也受过父母三年的抚养哺育吗？）按说呢，不行三年之丧似乎应该说是“非礼”，可是这里直斥为“不仁”，也就等于说，宰予没有人心，这是多么严重的问题啊！

如上所述，丧礼、祭礼都是行其心之所安，自尽其为人之道。以此类推，一切礼也都是行其心之所安，自尽其为人之道。这就是以“仁”讲“礼”，以人文主义的精神讲“礼”。所以孔子说：“人而不仁如礼何；人而不仁如乐何。”离开“仁”，“礼”的真精神就失掉了。后来宋儒张横渠说：“礼义三百，威仪三千，无一事而非仁也。”也就是说各种各样的“礼”都是“仁”的表现，都是从人心、人性中自然产生出来。这和孔子的讲法是很相符合的，都将“礼”归到人心、人性上，这就使“礼”得到一种新意义，从一个新的理论基础上把“礼”的尊严重新树立起来。孔子就是用这种办法来维护和恢复周朝的旧典，来挽救古代贵族统治的危机。这样，从一方面看，他以仁讲礼，高唱“天地之性人为贵”，强调“人”的尊严，从原始迷信、神权思想中，把人性解放出来，在当时历史条件下，显然具有进步意义；但是从另一方面看，他拿古代贵族所制定的“礼”来作为一般做人的标准，把人性规格化，违犯了“礼”，违反了古代贵族所制定的“人”的规格，就是“不仁”，就是失掉“人性”，就不算“人”，这分明是以贵族性来冒称人性，极力为古代贵族统治作辩护，他的阶级本质，他的反动保守思想，从这里也显然暴露出来。

（四）封建圣人

孔子在中国历史上是有特殊地位的。他生当春秋末年，由旧氏族贵族所统治的初期奴隶制社会正在崩解，而逐渐向封建社会转化。他恰成一个过渡时代的过渡人物，起了一种继往开来，承先启后的作用。文化是有继承性的。古代贵族的统治经验和许多文化遗产为后来的封建主所接受，尽管精神实质已经起了变化，但是有许多地方仍然可以大体上因袭下去，供他们利用。孔子学说的历史命运正是这样的。当新兴地主最初起来和旧贵族作斗争的时候，他们本来是采用法家的学说，对孔子一派的儒家学说，认为迂阔，嘲笑攻击，一直弄到焚书坑儒。可是到了汉朝，有鉴于秦朝的失败，觉得极端的法家学说会引起反抗，于是才转而利用儒术。自从汉武帝以后，孔子学说一直成为中国封建社会的正统思想，孔子的地位越来越高，被尊为“至圣先师”，“万世师表”。其实在历代统治阶级和儒者手里，孔子学说的精神实质已经起了很多变化，早和法家与道家的学说混搅在一起。关于这一层，在本书末章还要谈到，这里暂且不再多说。总而言之，孔子把古代贵族文化整理总结，正是孟子所谓“集大成”。在这些文化遗产里面，可以供封建地主利用的东西自然很多。他那种等级思想和宗法思想成为后来封建社会的天经地义。他那一派纲常名教的道理，那一些“惟女子与小人为难养也”，“民可使由之，不可使知之”，“天下有道则庶民不议”，以及轻视“老农”“老圃”的言论，也成了维护封建统治阶级的武器。因此，他本人也成了封建社会里的圣人，号称为“圣之时者也”，意思就是能随“时”而变化的圣人。

但是孔子的这种变化毕竟有一定的限度，跟着历史的发展和变化，跟着中国封建社会的解体和半殖民地半封建社会的崩毁，孔子在历史上的这种偶像地位也终于由动摇而趋于毁灭。早在“五四”时代就有人提出“打倒孔家店”的口号。以后跟着新文化运动的开展，跟着中国人民革命事业的胜利前进，孔子学说的反动性暴露得越明显，在人民的心目中，就越发没有它的地位了。尽管还有人极力阐扬“孔家哲学”，但是那只是反动的封建思想想借尸还魂，作最后挣扎，是起不了什么作用的。

然而从历史上考察，孔子毕竟不失为我国古代一个伟大的思想家和教育家，从他的言论和行动中，我们可以吸取很多有益的东西。在《论语》里面就有数不清的关于立身、处事、治学的好格言。不讲别的，单看他“学而不厌，诲人不倦”，“发愤忘食，乐以忘忧，不知老之将至”，等等，这样全心全意献身于学术和教育事业的无限忠诚，多么使人敬慕呵！

第三章　墨子

墨翟，鲁国人，也有说他是宋国人的。他的生卒年岁，各家说法都不很准确，大概在春秋末，战国初，公元前490—前403年之间，略与孔子再传弟子们同时。他的世系出身也不详。《史记》上说他做过宋国的大夫，也难确定，从他的书上看我们只知道他曾经救过宋国，免遭楚国的进攻而已。总而言之，他不象孔子那样出自名门世胄，他的生活和作风也不象孔子那样的贵族气味。向来“孔、墨”并称，或者“儒、墨”并称。从现存《墨子》书中，可以看出墨子所创立的墨家学说和孔子所创立的儒家学说，处处针锋相对。这是中国思想史上最早出现的互相对立的两个大学派。拿两家学说对照来看，格外显出墨家所具有的代表下层社会的特殊色彩。

（一）十大主张

墨家的十大主张：兼爱、非攻、尚贤、尚同、天志、明鬼、非乐、非命、节用、节葬，在《墨子》书中各有专篇。倘若单把那几篇文章粗粗一看，也不见有什么特异地方，不知道为什么儒家极力攻击他。如果你把这些主张和儒家的理论仔细比较一下，就知道他们两家的主张虽然有时候看着差不多，而其实相差很远，根本不能相容。荀子以儒家的观点批评墨子道：

> 墨子有见于齐，不见于畸。（《荀子·天论》）
>
> 墨子蔽于用而不知文。（《荀子·解蔽》）
>
> 上功用，大俭约，而僈差等。（《荀子·非十二子》）

“齐”与“畸”，“用”与“文”，下字极精，恰当地把儒墨两家对立的地方指点出来。“齐”是“齐一”，也可以说是“一般”的意思；“畸”是“畸异”，也可以说是“特殊”的意思。“用”是“实用”，“文”是“礼文”。“上功用，大俭约”，乃是说讲“用”不讲“文”，“僈差等”是一视同仁，不分等差，是说讲“齐”不讲“畸”。总而言之，儒家注重“畸”，注重“文”；而墨家注重“齐”，注重“用”，拿“齐”和“用”的意味来理解墨家的十大主张，就格外显出墨家学说的特色。

例如“节用”“节葬”“非乐”，都显然是从用的观点上立论。墨子有一个原则，就是“诸加费不加于民利者圣王弗为”（《节用中》）。本来儒家也未尝不讲“节用”，但他们是以“礼”为节，而并非一概尚俭。墨子却不然，凡是只增加费用而对于人民并不能增加什么利益的都不干，而他所认为对人民有利益的事又只限于最起码的物质生活需要。因此他主张：饮食“足以充虚、继气、强股肱、耳目聪明则止”；衣服“冬服绀緅之衣轻且暖，夏服絺绤之衣轻且清则止”。只需吃得饱，能使身体强健，穿得适合气候，不受热，不受寒就好，至于讲究什么美味和华饰，对于人并没有实际好处，都是多余用不着的。根据这种精神，当然要主张“节葬”和“非乐”。厚葬只是靡费，会有什么用处？儒家所以主张厚葬者，因为他们要从这上面表一表活人的心，并且由葬的厚薄也可以显示出贵贱的等级来。墨家不管这些，单看对于人民有没有“用”，当然要加以反对。至于墨子所以“非乐”，也是因为“乐”对于人民没有“用”，因为“撞巨钟、击鸣鼓、弹琴瑟、吹竽笙而扬干戚”，并不能给人民“衣食之财”，并不能“兴天下之利，除天下之害”，而徒然“厚措敛乎万民”，浪费人民的资财。本来“用”的标准也很活。广泛点说，“乐”何尝没有“用”。但是墨家所谓“用”，意义极狭，除非对于维持生活有直接关系，如衣食之类，或者能禁暴止乱，他们都认为是无用的。音乐自然不能当饭吃，当衣穿，也不能说撞一撞钟，弹一弹琴，就可以把寇乱平定了。拿这样的标准来讲，“乐”自然是没有用，自然要非“乐”。墨家这种极狭隘的实用观点，儒家、道家都攻击它。然而这种不讲享受，“生勤死薄”，“以自苦为极”的生活，正反映出当时劳动人民的本色。在当时贵族统治的社会中，一般劳苦大众所迫切要求的本来只是些物质的生活资料，什么精神陶冶，如音乐之类，他们根本没有福气享受，只能当作贵族们所专有的奢侈品加以反对而已。

再就墨家最重要的主张“兼爱”来说，表面上和儒家所谓“泛爱”、所谓“仁”，何尝不有些相近。但是这里面有两点重要差别：其一，儒家讲“爱”，着重在“心”上，墨家却一定要考虑实效。如所谓：“兼相爱，交相利”，“爱利万民”，“兼而爱之，从而利之”，“义，利也”，“孝，利亲也”……言“爱”必及“利”，爱非空爱，必伴以实际的利益，显然贯串着尚“用”的精神，这是和儒家不同的。其二，儒家“亲亲”，亲其所亲，把亲疏厚薄分别得很清楚，主张有差等的爱。墨家却提出“兼以易别”的口号，只讲“兼”，不讲“别”，根本打破亲疏厚薄的差别观念，而主张“兼而爱之”，一视同仁。在这一点上，儒家所表现的是“畸”，而墨家所表现的是“齐”。我们须要知道，儒家所主张的“亲亲”之道，是建筑在宗法制度上的。宗法制度只有贵族才讲得起。至于劳苦大众，都是所谓“匹夫匹妇”，那有什么宗法可言。他们流浪江湖，四海为家，只有广漠的同胞观念而已。

“尚同”是主张政治上、思想上的整齐划一；尚贤是不论亲疏贵贱，平等看待，都是重“齐”而不重“畸”的表现。《尚贤》篇说：

> 不义不富，不义不贵，不义不亲，不义不近……虽在农与工肆之人，有能则举之。……故官无常贵，而民无终贱。
>
> 不党父兄，不偏富贵，不嬖颜色，贤者举而上之，富而贵之，以为官长。

儒家讲“尊贤”，讲“贤贤”，也何尝不是“尚贤”。但儒家“贤贤”以外，还有“亲亲”，“贵贵”。这样一来，“贤”就不成为用人的唯一的条件。孟子说：“亲之欲其富也，爱之欲其贵也。亲爱其身，所以富贵之地。兄为天子，弟为匹夫，可谓亲爱之乎？”根据这种理由，虽以象之不贤，也居然可以受封。因为他是舜的御弟，合乎“亲”的条件，“贵”的条件，单不合乎一个“贤”的条件是没要紧的，这样，儒家的尚贤就有例外而墨家却无例外；儒家的尚贤是相对的，而墨家却是绝对的。“兄为天子，弟为匹夫”，从墨家看来，有什么不可呢？在这里不容许有什么特殊情形，也就是看不见所谓“畸”。这是墨家和儒家不同的地方。至于《尚同》篇主张天子去“一同天下之义”，以免去“一人一义，十人十义”的混乱现象，这是要统一思想，更显然表现出墨家尚“齐”的精神。

墨家的天鬼观念也和儒家不同，如《天志》《明鬼》两篇，把天和鬼讲得活灵活现，好象看见了一样，极明显地主张有鬼论。而其所以如此主张的理由，又全从对于人民的实际利害上着眼，全从这种主张所起的作用，所收的效果上着眼，并没有讲什么精深微妙的理论。象儒家对于天鬼问题那一套人文主义的见解，他们是没有的。《非命》篇也是专从实用上立论，并不象伪《列子·力命》篇那样从理论上辨析“力”和“命”的问题。还有“非攻”，是“兼爱”的实行；而其以实力帮人守城，反抗侵略，不单空谈了事，又正是他崇尚实用的表现。

总之，墨家的确是讲“齐”不讲“畸”，讲“用”不讲“文”。通贯十大主张，随处都可以看出这种意味。儒家说这是“蔽于用而不知文”，是“有见于齐，不见于畸”；那么，墨家也未尝不可以反唇相讥，说儒家是“蔽于文而不知用”，是“有见于畸，无见于齐”。两种思想恰好针锋相对，倒是很有意味的。

（二）会党式的集团

墨家这个集团，有组织，有纪律，有共同的信条，并且有生活上的共同联系，和后世下层社会所结成的会党道门很有些相类。墨子在一群“墨者”中，不仅是一位传道授业的先生，同时却还象是他们这个集团的领袖。他掌握着很大的权力，能发号施令，指挥他的门徒。他常派遣他的门徒到各处去活动。如：“游公尚过于越”（《鲁问》），“出曹公子于宋”（同上），“使胜绰事项子牛”（同上），“游耕柱子于楚”（《耕柱》），“使管黔敖游高石子于卫”（同上）。这班人都负有领袖的使命，并不是个人行动。有不能完成其使命的，就被撤回。如使胜绰事项子牛，就是派他去齐国作“非攻”运动的。但是他不称职，“项子牛三侵鲁地，而胜绰三从”，不能坚持自己的主义，所以谴责他，把他召回来。又如墨子曾派禽滑厘等三百人去帮助宋国守城，准备抵抗楚国的侵略，那更是有名的故事。《淮南子》上说：“墨子服役者百八十人，皆可使赴火蹈刃，死不旋踵。”墨家这种服从领袖壮烈牺牲的精神，直到墨子死后很长时间还保持着。请看下面一件故事：

墨家有个巨子（墨家的首领称为巨子）名叫孟胜，和楚国的阳城君很友善。当阳城君往楚国京城那里去的时候，把阳城这个地方托付给他。后来阳城君死难了，楚国派人来接收阳城。孟胜不肯辜负阳城君的委托把地方交出，但又没有力量抗拒，所以想报以死。他的弟子徐弱劝他道：“如果死了有益于阳城君，那就死了也可以。死了并没有什么益处，反倒使墨家之道绝传，这来不得呀。”孟胜说：“我和阳城君，又是师友，又是君臣。如果不死，从今以后，求严师的，求贤友的，求良臣的，都将不来我们墨家了。死了正是实行墨家之道而使它流传。宋国田襄子是一位贤者，我将要把‘巨子’这个职位传给他，还怕什么墨家之道绝传呢。”徐弱说：“既是这样，那我就请先死以开路。”于是孟胜、徐弱和其他弟子八十三人都死了。只剩下二人到田襄子那里去传达孟胜的命令。可是他们在任务完成以后，也要回阳城去死。虽然田襄子以新巨子的名义来加以制止，而他们不听，还是回去死了。当时很多墨者议论他们，认为这是不听巨子的命令（这个故事见《吕氏春秋·上德》篇）。

从这段悲壮的故事里，一方面可以见墨者的侠义，一方面也可以见“巨子”的权力。重然诺，轻死生，趋义赴难，本是侠客的道德，墨家却把这种精神充分地表现出来。巨子说死，于是八十三人都一同随之而死。这真是所谓“皆可使赴火蹈刃，死不旋踵”。尤其有意味的是那两位派出去传达命令的墨者。他们本来可以不死，然而非回去死了不可。死且不必说，还落个“不听巨子”的罪名，因为新巨子不准他们死。这种牺牲精神和森严纪律，在别家是看不到的。

再说，墨家是主张“兼爱”的，是主张“有力相营，有道相教，有财相分”的。在他们团体里，颇带一点“有饭大家吃”的意味。如墨子曾经派耕柱子到楚国去工作。有些墨者往那里去，耕柱子没有在生活上充分供给他们，因而他们回去向墨子说，让耕柱子在楚国没有什么好处。墨子不以为然。后来耕柱子果然送回来十金。从这段故事可以知道墨者有分财于团体的义务。倘若有财而不让大家共享，就要受团体的责备。又如墨子责备他的弟子曹公子道："今子处高爵禄而不以让贤，一不祥也；多财而不以分贫，二不祥也。"（《鲁问》）有财不仅要献给自己的团体，并且还得分给一般穷人。这完全象后世下层社会的会党所崇尚的道德。

墨家尊天明鬼，大有"替天行道"的意味。这也和后世会党极相类似。

总之，服从领袖，严守纪律，慷慨牺牲，仗义疏财，有饭大家吃……凡后世会党中所常看见的，多早已见于墨家。如果我们夸大点说，墨家简直是一个最初的会党。

（三）科学、技巧

墨子在讲学方面与孔子并称，同时他又具有特殊的技巧，常常和最著名的巧匠公输般——即以前木匠们所供奉的鲁般爷——牵连在一起。相传公输般曾经用木头做了个鸟，飞上去三天还不落下来。他自以为是天下之至巧了。可是墨子对他说："你作木鸟，不如我作车辖（车轮围绕车轴的一部分）。我用三寸木材，不大一会儿就削成一个车辖，能够担负起五十石的重量。作出来的东西于人有利的就是巧，于人无利的那算是拙。”（另一传说，作木鸟的就是墨子）在《墨子》书中，还有公输般替楚国做“云梯”，将用以攻宋，而墨子和他比赛技术的故事。又如书中《备城门》以下十几篇，墨子和禽滑厘讲论守御的方法，其中多说到制造和建筑的技术。在其他各篇，亦惯用百工作比喻，常常提到关于工艺的事。如此等等，可以说明墨子的确是长于技艺，既不同于儒家的鄙视技巧，也不同于道家的崇尚朴拙，他自具一种特色，恐怕他的阶级出身是和手艺人有些关系。

因为墨者多擅长技巧而从事手艺，在他们的劳动过程中，在他们和物质世界的经常接触中，很自然地取得一些科学知识。现在《墨子》书中的《经》和《经说》几篇，很有些关于光学和力学的知识。特别是几何学，似乎已经搞成一套体系。他们有一定的术语。如：全体叫作“兼”，部分叫作“体”，点叫作“端”，线叫作“尺”，面叫作“区”，立体叫作“厚”……都下有明确的定义，可见他们研究这门学问已经是条理分明，不是偶然随便讲的。象这一类关于自然科学的知识，在《墨经》中不胜列举，而在别家著述中却很少见到。因为有些人感觉奇怪，以为墨家为什么这样特别？莫非墨家来自外国，不是中土所产吗？于是说什么墨子是印度人，种种牵强附会的怪论都提出来。如果我们知道墨家本是出自劳动人民，多是从事手工技艺者，那末，根据他们的特殊经验，特殊视野，因而得到这些特殊知识，乃是毫不足怪的。

墨家不仅从劳动过程中吸取一些关于自然科学的知识，并且还形成他们的一套逻辑，一套知识论。他们把知识分为三类："闻、说、亲"。"亲知"是从亲身经验得来的知识，这是最基本的，但范围有限。"说知"是从推论得来的知识，如勘探者发现煤矿，地下情况，并未亲见，实据地上，推论而知。另一类是"闻知"，是从旁人听来的知识（不管是直接、间接、从口传或从书本上）。就如墨子这个人，我们当然没有亲眼见过他，并且也没法子根据什么理由推论出个墨子来，我们所以知道中国历史上有个墨子，乃是从书本上听人家告诉给我们的。他们更详细讲述种种辩论推理的方法，但决不是诡辩。如当时有些诡辩家争论"同异"问题，讲起"同"来什么都是"同"，讲起"异"来什么都是"异"，其结果弄得"同异"混淆，以至根本抹去了"同异"的界限。墨家不是这样。他们把"同"分为四种：二名一实叫作"重同"（重复的重）；同连在一个整体上，叫作"体同”；同在一处叫作“合同”；有共同特点叫作“类同”。和这相反，也有四种的“异”。如此，讲“同”一定要指出是哪一种的“同”，怎样“同”法；讲“异”一定要指出是哪一种的“异”，怎样“异”法，一点不许混淆。由此可见墨家辨析名理，严肃认真，和诡辩家的文字游戏绝不相类。这也反映出劳动人民实事求是的唯物主义的精神。

（四）墨家主张民选天子吗？

既然说墨家所代表的是下层社会、劳动人民，那末，是不是如某些人所说，墨家主张“民约论”，主张民选天子呢？倒也凑巧，在《墨子》书中，《经上》篇恰好有一句：“君，臣萌（同‘氓’，即‘民’的意思）通约也。”君之所以成为君，乃是由臣民公约而来，这不明明是“民约论”吗？《尚同》篇又恰好有过些话：“夫明乎天下之所以乱者，生于无正长，是故选择天下贤良圣智辨慧之人，立以为天子……”天子是选立的，这不明明是主张民选天子吗？其实这种说法是不可靠的。首先说，“臣萌通约”的“约”字不一定当“契约”讲，也许当“约束”讲。假如解作“臣民都受约束于君”，岂不和“民约论”的意味恰好相反吗？即使当“契约”讲吧，也许是名学意味上的“约定俗成”（这是《荀子·正名》篇的成语，乃是说一切名称都是由社会规定的），不一定就是政治意味上的“民约论”。究竟这句话应该怎样讲法，可不可当作民约论，还须从墨学的各方面加以参证，单凭这一个孤立的句子是不行的。至于《尚同》篇那句话，仅只说“选”，却没有说谁选，“选”字上面没有句主。你以为说“选”就必须是“民选”吗？这倒不一定。《尚同》篇的另一段明明说过：“古者上帝鬼神之建国设都立正长也……”可见墨子的意思，以为正长是上帝鬼神立的，并不是民立的。以彼证此，则天子亦当是上帝鬼神选的，而不是民选的。或者有人要说：上帝鬼神还不是个空名吗？事实上还得假手于民。名神选而实民选，也可以说是间接的民选吧。我以为这种说法仍然不能成立，而只是重复“天视自我民视，天听自我民听”的老调。我们知道在欧洲政治思想史上，“民约论”正是由反对“王权神授说”而起。他们说君主权力不是神授的，而是民授的。假使可以承认神选就是民选，那么“民约论”也可以和“王权神授说”合而为一了。这成什么话！

其实墨家之不主张民选天子是有旁证的。墨家是个有组织的团体，其领袖为“巨子”，发号施令，有绝大的权力。“巨子”职位并非由一群墨者选举而来，乃是由旧巨子自择新巨子而传其位，很象佛家的传衣钵。假使墨家能够取得政权的话，无论从理论上，从事实上，巨子都必然要掌握全国最高的权力，而形成一种带宗教性的政权形式。我们须要知道，墨子很象一位教主，他的一切言行都依托于“天志”。他主张兼爱，就说天意叫兼爱；他主张非攻，就说天意叫非攻；他主张非乐、非命、节用、节葬、尚贤、尚同一切都说是本于天意。把许许多多的天意实现出来，就成了他们所要建立的地上天国。在这天国中，天子称天而治，掌有绝大的权力，什么“民约论”，“民选天子”，根本是谈不上的。但是也有些人因此就认为墨家是反动的专制主义者，所反映的不是下层社会的思想，这也是错误的。我们应该知道，民权政治本来是近代市民阶级兴起以后，所要求的东西，古代劳动人民所要求的政治形式还并不是这样。我觉得墨家的团体和教义，在某些地方颇类乎原始的基督教。从考茨基在《基督教的基础》里面所描写的看来，我们可以知道原始基督教比着墨家更带深刻的革命意义。然而他们政治理想的实现，也不过是一种教会政治。墨家的政治思想恐怕与此也不甚相远吧。如果结合墨家“尚贤”的主张看来，除了原始的宗教意味以外，倒还可以说是一种“贤人政治”。贤人政治当然还不能算是民权政治，但是，它反映了墨家对当时贵族阶级那种“家天下”的政治制度的不满；再说，“传贤”毕竟胜于“传子”，从某种意义上说，贤人政治比当时的贵族政治也进了一步。

第四章　老子

老子这个人，和《老子》这部书，应该分别来看。有人说，老子就是老聃，相传他在周王朝那里管过图书，孔子还向他问过礼，后来去周西行，过函谷关，给关尹著了五千言的《道德经》，就不知去向了。但是就现存《老子》这部书——即《道德经》——来看，实在很难相信是春秋末年的老聃著的。经许多人考证，这部书大概写作于战国中期。这里面可能有一些老聃的遗言，后来把老聃尊为道家之祖，也自有道理。但是事实上，当春秋末年，道家还只是处在萌芽状态，还没有作为一个学派而出现。我们姑且不打这种考证官司，反正老子《道德经》是道家的一部经典著作，拿来代表早期的道家学说应该是没有多大问题的。

（一）理想化的村落社会

道家学说是从一班“隐士”中间酝酿出来的，老聃也正是其中的一个。这班隐士，在那个历史大变革中，处于没落地位，过着隐遁生活。他们不满现实，又逃避现实，思想倾向消极，不敢向前看，只好向后看，因此把理想寄托在原始的村落社会。从《老子》书中我们可以看见他们所描写的乌托邦——

> 小国寡民。使民有什伯之器而不用，使民重死而不远徙。虽有舟舆，无所乘之；虽有甲兵，无所陈之。使民复结绳而用之。甘其食，美其服，安其居，乐其俗。邻国相望，鸡犬之声相闻，民至老死不相往来。

这样一个社会，是自然的，不是文明的；是自由的，不是强权的；是自给的，不是交易的；是静止的，不是活跃的；是小规模的，不是大规模的。老子不象儒、墨诸家主张大一统，他所谓“小国寡民”，实在还算不得“国”，算不得“民”，而正是一种原始的村落社会。他只想有许多小村落在大地上自然地散布着，并不希望成为一个有组织的大国家。他痛恨强权，所以说：“强梁者不得其死”，“民不畏死，奈何以死惧之”。他反对战争，所以说：“佳兵者不祥。”他反对重税，所以说：“民之饥，以其上食税之多，是以饥。”他反对烦苛的法令，所以说：“法令滋章，盗贼多有。”如此等等，他认为都是当权者的罪恶。他似乎觉得政府是万恶的渊薮。他要摆脱这样强权的统治，而代以自由自在的村落社会。在这样社会中，文化却不高。他们生活很简单，既用不着机械，也用不着文字。他们不识不知，全听自然的支配。老子说：“以智治国国之贼，不以智治国国之福”，“常使民无知无欲”。一切知识，一切文化，徒足以长诈伪而丧天真，都是他们所要除去的。在这样社会中，交通贸易，殊不发达。他们“老死不相往来”，“虽有舟舆，无所乘之”。他们自己生产，自己消费，完全是一种自给自足的自然经济。在这样社会中，人们固着在一定地方，“重死而不远徙”。生产方式，风俗习惯，都不大起变动。他们认为自己所吃的饭食就是天下最好吃的饭食，自己所穿的衣服就是天下最美丽的衣服，自己所居的地方就是天下最安适的地方，自己所习惯的风俗就是天下最合意的风俗。各自心满意足，永远因袭下去，一切都是静沉沉的。试把“小国寡民”这一章和都市中熙来攘往的情形稍一比较，就显然见到另一个世界，这不是活生生的一个原始村落社会的写照吗？这样的政治理想完全是反历史的，正反映了没落的贵族阶级找不到出路的心情。可是在古代封建社会里，这种理想一直吸引着那些所谓高人隐士们的憧憬。

（二）歌颂自然

老子崇尚“自然”，这是从来没有异辞的。他说：“人法地，地法天，天法道，道法自然。”把自然抬到最高的地位，所谓“道”也只是“自然”之道，层层推究，最后总归到“自然”上。他不说世界是神造的，由神主宰一切，而认为世界上一切都是自然之道，自己如此。他不仅不象墨家那样“尊天、明鬼”，并且也不象儒家那样对于天鬼问题说得恍恍惚惚，而是干脆摆脱了关于天鬼的原始迷信。他说：“天地不仁，以万物为刍狗。”“刍狗”就是用草扎成的狗，为给死人陈列用的，如象现在葬埋时候所用的纸人、纸马……一样。这种东西，用的时候象煞有介事地摆出来，用过了烧掉、抛掉，一点也不爱惜。从老子看来，万物都象“刍狗”一样，时而摆出来，时而又抛弃掉，自生自灭于天地间，什么天心仁爱，生育万物，象儒家那种说法，他是断然反对的。以自然论代替神造论，以“机械论”代替“目的论”，为后来各家无神论开其先路，这实在是老子的一大贡献。

但是我们也不要过于夸大老子的“自然”主义，而把它现代化。他只是歌颂“自然”，教人复归“自然”，而并不是对“自然”作科学的分析研究。“自然”只是“自己如此”的意思。说一切现象都是“自己如此”，而不去别立一个“造物主”，这可以算是一种进步思想。但是譬如有人问你为什么刮风，你就说它自己刮起来了；问你为什么下雨，你就说它自己下起来了。这样的答案究竟解决了多少问题？五千言《道德经》简直是一部“自然”赞美诗。讲到社会，教人回复原始状态；讲到人生，教人回复婴儿状态。长言咏叹，歌颂“自然”的美妙，这里面是含有一些“自然崇拜”意味的。

（三）无为而无不为

老子既是崇尚“自然”，凡属于“自然”的都是好的，一经人为便不好了，这样他当然要主张“无为”。他说：“我无为而民自化，我好静而民自正，我无事而民自富，我无欲而民自朴。”他所理想的君主，并不是给老百姓办许多好事，叫大家歌功颂德，而是有他等于没有他。“太上不知有之，其次亲之、誉之……”最好的君主是大家简直不知道有这个君主，至于大家“亲之、誉之”，歌功颂德，那倒已经是第二等的君主了。“功成事遂，百姓皆谓我自然”。不知不觉，自然而然，大家都生活得好好的，那还有什么功德可颂呢？坏就坏在“有为”上。“民之难治，以其上之有为，是以难治。”这显然表示出老子对于当时统治者那种胡作乱为的深切反感。可是老子的“无为”，并不简单是不满现状的一种消极抗议，也不简单是返淳还朴的一种天真幻想，他这里面的确还有他自己的一套奥妙，我们须得加以进一步的分析。

老子有这么几句话：“欲将取天下而为之，吾见其不得已。天下神器，不可为也。为者败之，执者失之。”“神器”二字很可玩味。他活生生地看到，“天下”是个神妙的东西，要去“为”它也“为”不得。一“为”它反而坏了，一“执”它反而丢了。你说神妙不神妙？老子相信一切事物都有个自然之道，都有它发展的自然规律。我们只能随顺着它，决不可用人为力量加以干扰。这叫作“辅万物之自然而不敢为”。他说：“致虚极，守静笃。万物并作，吾以观其复。夫物芸芸，各复归其根。归根曰静，静曰复命，复命曰常，知常曰明。不知常，妄作，凶。”这就是叫人虚心静气，坐观天下之变。尽管万事万物纷然并起，但最后都还得回到它的老根。回到老根就静下去，静下去就算回复其自然之命，回复其自然之命就算得其常道。认识这个常道叫作“明”。不认识这个常道而胡作乱为，就要受灾害了。大概老子看见过多少成败兴亡，从那里面体会出一些自然的道理，认为事物的发展变化总有它自然的归趋。因而要沉机观变，以静制动。他知道“天下难事，必作于易；天下大事，必作于细”，所以要“图难于其易，为大于其细”，不待事情发展到“大”了，“难”了，而当它还细小，还容易的时候，就解决它。看着他是“无为”，实际上正是他妙于为。不动声色，不费手脚，什么都做好了。所以说“无为而无不为”。这里面是有一些把戏。所以后来竟成为一种帝王统治术，并且许多政治家、军事家、拿羽毛扇的人物，往往喜欢“黄老”（黄帝、老子），实在不是偶然的。

（四）一个“反”字的妙诀

在老子许多微妙的言论里面有个诀窍，那就是一个“反”字。他好说相反的，互相矛盾的话，几乎成了一个公式。如：“大巧若拙”，“大辩若讷”，“大直若曲”，“大成若缺”，“大音希声”，“大象无形”，“曲则全”，“枉则直”，“洼则盈”，“敝则新”，乃至“不争而善胜”，“无为而无不为”……处处是反语。这就叫作“正言若反”，正面话好象成了反面话。你说他是故弄玄虚吗？不，这里面贯串着他的根本的方法论和宇宙观。

如上面所讲，老子是相信自然之道，相信宇宙间有个不可违犯的自然规律的。一切事物的运动变化都离不开这个自然规律。那末这个自然规律究竟是怎么一回事呢？老子告诉我们：“反者道之动。”这就是说，自然之道是向着相反的方向运动变化的。根据事物向反面发展这个规律而加以利用，他常常把事情看得透过一层。大家以为不利的，他反因以为利；大家看着是福的，他却从那里面看出祸来。所以说：“祸兮福所倚，福兮祸所伏。”因此，他总是从反面下手。“将欲歙之，必固张之；将欲弱之，必固强之；将欲废之，必固兴之；将欲取之，必固与之。”“以其不争，故天下莫能与之争。”“后其身而身先，外其身而身存。非以其无私耶？故能成其私。”他认为“柔弱胜刚强”，所以总是自处于柔，自处于弱，自处于下。他说：“天下莫柔弱于水，而攻坚强者莫之能胜”；“江海所以能为百谷王者，以其善下之，故能为百谷王”。刚说个“反者道之动”，紧接着就说“弱者道之用”。可见他以“弱”为用，正是依照那个“反”字的规律来的。这里面的确有他一套“处世哲学”，带着些权谋术数的色彩，所以能为后来许多政治家、军事家所利用。但是无论如何，他的确认识些矛盾统一、矛盾发展的道理，这不能不说他包含一些辩证唯物主义的思想因素。

第五章　庄子

庄周，战国时代的宋国人。他的生卒年岁大概和孟子略相当而稍晚一些。他似乎也是一个从旧贵族阶级没落下来的人物，曾在他的家乡蒙那个地方当过一段管漆树的小官吏。他的生活很贫困，曾经靠打草鞋过活，有时候连饭也吃不上，还得向朋友借米。但是他很“清高”，对于那班富贵得意人物极端嘲笑。他觉得人生如梦，好象“看破红尘”的样子。现存《庄子》一书在中国思想史和文学史上都有很大的影响。

（一）全身免害

道家学说，特别象庄子的学说，尽管讲得非常玄远微妙，好象超出凡尘，但归根究底，只是要“全身免害”而已。庄子并不象他表面那样洒脱自在，在他的心目中，这个社会实在是很不太平，处处会碰到危机。他认为我们简直都是“游于羿之彀中”。羿是个善射的人，“彀中”犹之乎说是射程中。游于羿的射程里边，随时都有被射中的危险。这就是说，我们好象在箭头上过日子，也正象我们平常说的“在刀尖上过日子”一样。有一次他张着弹弓，注视着一个“异鹊”，就要打去，忽然发现这个“异鹊”正在准备着去捕捉前面的一个“螳螂”，而那个“螳螂”呢，也正在捕捉更前面的一个“蝉”。这样一个螳螂在前，异鹊在后，迭相残杀，危机四伏的局面，使他触目惊心，于是乎连弹弓也丢掉而走开了。把社会看成这个样子，除了“苟全性命于乱世”，还有什么可干？所以老子已经是“人皆求福，已独曲全，曰：‘苟免于咎’”（见《庄子·天下》篇引）。不求得什么福，只求能免祸就够了。庄子更是委曲婉转，费尽苦心，寻求全身免害的方法。例如，一次，他和弟子们到山里，看见一棵大树，长得不成材料，做什么用都不行，木匠们走过来连睬它也不睬。于是他向弟子们说，“此木以不材得终其天年”，这棵树就因为长得不成材料，没有用，所以才能不受砍伐，长到这么大呀。随后，他们路过一个朋友家里，朋友为着款待他们，叫家人杀一只雁。可是雁有两只，一只能鸣，一只不能鸣，究竟杀哪一只呢？当然就杀了那一只不能鸣的。于是乎弟子们提出问题了：那棵树以不材得终其天年，而这只雁却是以不材致死，究竟是“材”好，还是“不材”好呢？庄子只好回答道：“周将处于材与不材之间。”也“材”也“不材”，这似乎可以幸免了，然而也还靠不住。所以最后他发挥出“一龙一蛇”，“一上一下”的一段议论，这就是说，该当龙时就当龙，该当蛇时就当蛇，一屈一伸，随时变化，这才是最好的处世之道呢。事实上，庄子所谓“道”，就是一种“全身免害”之道。他明明说：

> 知道者必达于理，达于理者必明于权，明于权者不以物害己。至德者，火弗能热，水弗能溺，寒暑弗能害，禽兽弗能贼。非谓其薄之也，言察乎安危，宁于祸福，谨于去就，莫之能害也。（《秋水》）

看他讲“道”的妙用，全在善于屈伸而自全其身。这也可以说是杨朱一路“为我”“贵己”的思想吧。

（二）人貌而天行

尽管一龙一蛇，随时变化，深得处世的妙法，但有时候仍不免遭祸，这又怎么办呢？庄子告诉我们说：“无可奈何而安之若命。”既然人力无可施，没有办法了，那就只有认为命该如此，听其自然。生就任他生，死就任他死。把自己变成“虫臂”也好，变成“鼠肝”也好，随他去。“视丧其足，犹遗土也。”即使受了刖足之刑，把自己的脚砍掉了，就好象丢掉一块土一样，心里也没有什么难过。人间哀乐全入不到心里，好象失掉了人的感觉一样。这就叫作“有人之形，无人之情”。因为形状是个人，所以能处在人群中；但是因为没有了人的心情，所以人间的是非善恶好象和他没有什么关系。本来是非善恶都是就人的思想行为而言的，只有人才讲到是非善恶上。假如一个人的行动竟然象刮风、下雨、鸟鸣、花开一样，全是一种自然现象，那还有什么是非善恶可言呢？这样，超脱了生死祸福，超脱了是非善恶，自由自在，游戏人间，这就是庄子的理想生活。这是一种不认真的生活态度，把生不当成生，把死不当成死，善恶是非，看得不过是那么回事。他教人象“虚舟”“飘瓦”一样。无端飞来一块瓦，打在你身上，纵使你是一个性情极褊急的人，也不至于对这瓦发脾气。一个船碰了你，你发火了，正要向那船上的人闹气，但是一看见船上并没有人，你的气也就消了。为什么会这样？因为“虚舟”“飘瓦”都是无知之物，对这些无知之物发什么脾气呢？庄子把这样“有人之形，无人之情”，象自然界的无知之物一样的人，称为“人貌而天行”。形貌是个人，而他的行动却活象“天”一样。这种境界怎样做到呢？庄子不断提到一个“忘”字。“忘年”，“忘义”，“忘我”，“忘物”，生死得丧，一齐忘掉，这不就大解脱，大自在了吗？很显然，这是没落阶级在物质世界中找不到出路，而只好自己哄自己，作一种无可奈何的精神麻醉罢了。

（三）盗亦有道

庄子所代表的是没落贵族的思想，对于一切当权的统治阶级是深切痛恨的。他看当时那些“诸侯”们都是大盗窃国。他打个比喻：为着防小偷，所以把箱箧封得紧紧的，锁得牢牢的，可是一旦大盗来了，连你的箧都拿走，还惟恐你封锁得不紧不牢呢。以此类推，世俗所讲的什么“圣智仁义”，无非是为窃国大盗作工具，没有这些，他们的国还守不住呢。如田成子杀齐君而盗其国，“所盗者岂独其国耶？并与其圣智之法而盗之。故田成子有乎盗贼之名，而身处尧舜之安，小国不敢非，大国不敢诛，十二世有齐国，则是不乃窃齐国并与其圣智之法，以守其盗贼之身乎？”（《胠箧》）齐国原有一套“圣智之法”，满以为可以防止他的国家被人家窃去了。哪知道就有田成子这样的大盗，不仅窃去齐国，并且连他所用以守其国的那一套“圣智之法”也一并窃去。这样，齐国的“圣智之法”倒反而为田成子服务了。“为之斗斛以量之，则并与斗斛而窃之；为之权衡以称之，则并与权衡而窃之；为之符玺以信之，则并与符玺而窃之；为之仁义以矫之，则并与仁义而窃之。”（同上）道高一尺，魔高一丈。防住了小盗，却便利了大盗。“窃钩者诛，窃国者为诸侯。诸侯之门，而仁义存焉。”（同上）小盗有罪，而大盗当权。窃国大盗也居然讲起仁义来了，这真是对于仁义的极大讽刺。

当个大盗也不容易，正需要圣智仁义这一套。“跖之徒问于跖曰：‘盗亦有道乎？’跖曰：‘何适而无有道耶？夫妄意室中之藏，圣也；入先，勇也；出后，义也；知可否，智也；分均，仁也。五者不备而能成大盗者，天下未之有也。’”（同上）看，从跖这个著名的大盗口中居然讲出一大套圣智仁义来！没有这一套就不能成大盗。什么是“仁”？分赃均匀。什么是义？让大伙先退。他把当时统治阶级所讲的那一套圣智仁义的丑恶本质作了无情的揭露。

（四）一切在变

庄子学说最精彩的地方，在乎他有一种“变”的哲学，一种“动”的宇宙观。他看宇宙万象都是刻刻不息地在那里流转变化。例如他说：

物之生也，若骤，若驰，无动而不变，无时而不移。（《秋水》）

万物皆种也，以不同形相禅……（《寓言》）

万物都象飞跑一样，一息不停地在变化着。每一个东西都在变化的过程中。每一个东西都作为另一个东西的种子而存在，一连串地变一个形态又一个形态。分明给我们画出一个活宇宙来。这无疑地要算一种辩证观点。把这种观点应用在社会历史上去，庄子也有许多很通达很聪明的话，如：

仁义，先王之蘧庐也，止可以一宿而不可以久处。（《天运》）

夫水行莫如用舟，而陆行莫如用车。以舟之可行于水也，而求推之于陆，则没世不行寻常。古今非水陆欤？周鲁非舟车欤？今蕲行周于鲁，是犹推舟于陆也。……故礼义法度者，应时而变者也。今取猿狙而衣以周公之服，彼必龁啮挽裂而后慊。观古今之异，犹猿狙之异乎周公也。（同上）

昔者，尧舜让而帝，之哙让而绝；汤武争而王，白公争而灭。由此观之，争让之礼，尧舜之行，贵贱有时，未可以为常也。（《秋水》）

这些话真是剔透玲珑，开明极了。他认为古今之异，犹之乎水陆舟车之不同；行古道于今世，犹之乎使猴子穿着周公的衣服。把所谓“仁义”那些大道理都只当作客店（蘧庐）一样，只能在旅途中临时暂住一下，长久住下去是不行的。“礼义法度，应时而变。”早晚市价不同，“未可以为常”。这里边一点保守泥古的气味都没有了。

可是这里发生一个问题：既然说一切都要“应时而变”，同时又要返淳还朴，回复到原始自然状态，这是不是矛盾呢？我觉得这里面是有点矛盾的。但是庄子所以这样讲，倒另有个道理。我们应该知道，庄子基本上是一个虚无主义者，他是否定一切的。这种虚无主义一方面反映了没落阶级对现实的不满，所以什么都要否定；另一方面也反映了没落阶级找不到出路，对什么都没有信心。他说什么“应时而变”，无非想证明一切都不可靠，什么好，什么坏，一切都没有定准。照他讲，大小没一定，寿夭没一定，都是相对的。什么是正味、正色……也都没一定，都是相对的。“彼亦一是非，此亦一是非”，“是亦一无穷也，非亦一无穷也”。是非善恶都没一定，都是相对的。这样一来，也就无所谓大小、寿夭，无所谓正味、正色，无所谓是非善恶，而一切都被否定。于是乎浑浑噩噩，漆黑一团，不是正回到他所理想的那个自我麻醉的“混沌”境界了吗？可是尽管如此，他这个一切皆变的看法，毕竟带有进步性，里面闪烁着一种辩证思想的光芒。

第六章　孟子

孟轲（公元前372—前289年），邹人，孔子的三传弟子（孔子—曾子—子思—孟子）。他原是鲁国贵族孟孙氏的后代，不过在他以前好几代早已衰落下去了。他曾经游历齐、梁、宋、滕诸国，还给齐宣王当了一段客卿。但终于不得志。现存《孟子》一书，大概是他的弟子们就他平生的言论编纂起来的。孟子一向被认为是继承孔子学说的正统，至并称为“孔孟”。他对于孔子的学说在许多方面有所发挥，可是把孔子学说更加唯心主义化了。他在后来中国思想史上有极大的影响。

（一）人性皆善

孟子是性善论的首倡者，可以说他的全部学说都是建立在这个基础上的。他认为人性皆善，主要的证据有如下几点：

（1）良知良能 他说：“人之所不虑而知者，其良知也；所不学而能者，其良能也。孩提之童，无不知爱其亲也；及其长也，无不知敬其兄也……”人生下来就是具有良知良能，如小孩子不用学都会爱亲、敬长，可见善是人性中所固有的。

（2）平旦之气或夜气 他说：“……虽存乎人者，岂无仁义之心哉？其所以放弃其良心者，亦犹斧斤之于木也。旦旦而伐之，可以为美乎？是其日夜之所息，平旦之气，其好恶与人同者几希。则其旦昼之所为又牿亡之矣。牿之反复，则夜气不足以存。夜气不足以存，则其违禽兽不远矣。人见其禽兽也，以为未尝有良心者，是岂人之情也哉？”人都有良心，纵然白昼之间，作种种坏事把他凿丧，但是当清夜间，当五更鼓儿时候，摸摸心口，良心还会发现。这不又可以证明人性本善吗？

（3）突发的怵惕恻隐之心 他说：“今人乍见孺子将入于井，则必有怵惕恻隐之心。非所以纳交于孺子之父母也，非要誉于乡党朋友也，非恶其声而然也……”突然看见小孩子要掉到井里，任何人都会不自觉地立刻惊惶起来，赶紧去救他。这里面一点私人打算也没有，既不是想和孩子的父母拉交情，又不是想得到乡党朋友间的夸奖，也不是怕落坏声名，完全是出于良心之自然。在这一瞬间，人性皆善，也分明是可以看出来的。

根据人性皆善的看法，自然可以推出“人皆可以为尧舜”的结论。这样，尊重“人”的价值，强调“人”的尊严，正是从孔子那里继承下来的优良传统。但是把“善”归到人性上，看成是先天的，而并非社会的历史的产物，这一方面是把那些封建道德神圣化，并且笼罩上一层唯心主义的云雾，同时，凡是不合乎封建道德标准的，都可以加上个违反人性的罪名，而骂他们不是人。孟子明明说过：“人之所以异于禽兽者几希，庶民去之，君子存之。”人和禽兽所差别的就那一点点，可是那一点点只有“君子”（贵族）保存着，而“庶民”（小百姓）却都失掉了。

（二）民为贵

尽管孟子有他的阶级偏见，但他还是能够替民众发出些呼声来。他满怀悲悯地控诉出当时人民呻吟在虐政下的颠连无告。他主张与民同乐。他痛骂独夫、民贼、暴君、污吏。他竟然说出“民为贵”，而“君为轻”的话来。他把君臣关系看成相对的：“君之视臣如手足，则臣视君如腹心；君之视臣如犬马，则臣视君如国人；君之视臣如土芥，则臣视君如寇仇。”臣竟然能把君当作仇敌看待，这还了得！有一次，邹君问他：当邹国和鲁国打仗的时候，邹国的官吏战死了几十个，而人民却没有跟着去战死的。要说杀他们吧，不胜其杀；要说不杀他们吧，这样仇恨官长，坐视不救，实在太不成话了。究竟该怎么办呢？孟子却这样回答：“凶年饥岁，君之民，老弱转于沟壑，壮士散而之四方者，几千人矣；而君之仓廪实，府库充，有司莫以告，是上慢而残下也。曾子曰：‘戒之！戒之！出乎尔者反乎尔者也。’夫民今而后得反之也。君无忧焉。”你平常虐待百姓，不管他们的死活，到紧急关头，他们自然要报复你。这就叫作“出乎尔者反乎尔”，照样回敬你一下，你何必怪罪他们呢。孟子在这里显然是替人民辩护。他所以这样说，只是想拿人民反抗来对君主吓唬一下，使他知道警惕，其根本目的仍是为着巩固君主和贵族们的统治。但即使是这样，他的眼睛也总算看到人民方面了。

孟子极重视得民心。他说：“三代之得天下也，得其民也；得其民者，得其心也。得天下有道，得其民斯得天下矣；得其民有道，得其心斯得民矣；得其心有道，所欲与之聚之，所恶勿施焉而已。”如果暴虐百姓，必致身败名裂，永受唾骂。“暴其民甚，则身死国亡，不甚则身危国削，名之曰‘幽、厉’，虽孝子慈孙，百世不能改也。”得天下，失天下，关键全在民心向背上，说得这样深切著明，无论如何，不能不说是很好的政治格言。

如上所述，孟子学说中很富有人民性，所以清末搞民主运动的往往拿他做旗帜，很起了些宣传鼓动的作用。但是如果真以为孟子主张民主政治，那就错误了。因为孟子只是反对暴君，而想望仁君，他并没有主张，也不可能主张，变君主为民主，从政治制度上加以改革。这自然是受阶级的和历史条件的限制，从下面两节所讲就可以看出这里面的道理。

（三）劳心与劳力

孟子有深刻的等级制度和剥削阶级的思想意识，这最明确地表现在他的一段有名的言论："有大人之事，有小人之事。且一人之身而百工之所为备，如必自为而后用之，是率天下而路也。故曰：或劳心，或劳力；劳心者治人，劳力者治于人；治于人者食人，治人者食于人，天下之通义也。"在另一章里，他还说："无君子莫治野人，无野人莫养君子。"他把社会上的人清清楚楚地分成两大类：一类是"大人"（君子），是"劳心者"，是统治者，是受人供养者；另一类是"小人"（野人），是"劳力者"，是被统治者，是供养人者。他认为这是天经地义，是不可变的社会通则。"君子”治“野人”，“野人”养“君子”，等级制度万岁！剥削制度万岁！他并且很巧辩地把这说成是社会分工，“通功易事”。可不是吗？一个人生活所需要的东西是多种多样的。一忽去耕田，一忽去打铁……什么事情都要自己一个人去干，那怎么能行呢？所以必须各方面来分工。“或劳心，或劳力”，从孟子看来，正合乎分工的道理，这是再自然、再合理不过的事情了。但是这算一种什么分工呢？正象古罗马的某一位学者那样：把社会比作人的机体，说人体有两手，可以执行任何工作；有胃，可以消化食物。同样，在社会上，应该有一部分人肩负各种劳动；应该有另一部分人，消费别人劳动的果实。这样的分工，和木匠、铁匠的分工能够相提并论吗？在铁匠和木匠之间，也有谁剥削谁，谁统治谁，谁贵谁贱的等级存在吗？所以孟子的社会分工论，虽然从历史发展上来看，未尝不包含某种进步意义，但是很明显，打上了他所代表的阶级的烙印，成为一种最典型的等级统治的剥削阶级的思想，长期地为后来封建统治阶级所利用。

（四）所谓王道

孟子所想望的政治，并不是民主政治，而是“王政”——“王道”政治。“王道”和“霸道”是中国政治思想上正相对立，一直互相争辩着的两大思想派别，而首先明白提出这个王霸问题的就是孟子。孟子尊“王”而贱“霸”。他说：

> 以力假仁者霸，霸必有大国；以德行仁者王，王不待大，汤以七十里，文王以百里。以力服人者，非心服也，力不赡也；以德服人者，中心悦而诚服也。
>
> 霸者之民，驩虞如也；王者之民，皞皞如也。杀之而不怨，利之而不庸，民日迁善而不知为之者。夫君子所过者化，所存者神，上下与天地同流，岂曰小补之哉？

这就是说：王者尚德，霸者尚力；王者感化人，霸者劫制人；王者实行仁义，霸者假仁假义；王者过化存神，象天地造化一样，使人自然向善而不显其功，霸者功业赫然，而实不过苟且小补，姑救一时之弊。看他把“王道”说得多么美妙啊！但是归结起来，所谓王道政治也不过就是所谓德化政治。孔子早就主张“以政为德”。又说：“道之以政，齐之以刑，民免而无耻；道之以德，齐之以礼，有耻且格。”孔子并没有说什么“王道”和“霸道”，但是他所崇尚的“德”和“礼”，正是孟子所谓王道；他所看不起的“政”

和“刑”，正是孟子所谓霸道。孟子曾比较“政”和“教”的效用道：

> 仁者不如仁声之入人深也，善政不如善教之得民也。善政民畏之，善教民爱之；善政得民财，善教得民心。

根据孟子的看法，霸者所重在“政”，王者所重在“教”。重“教”而轻“政”，不是和孔子德礼政刑之论完全一致吗？大体说来，“王道”和“霸道”的对立就是“德治”和“法治”的对立。王道从人文主义出发，霸道从实利主义出发。王道的理论体系是“修身、齐家、治国、平天下”，道德和政治不分，伦理和法律不分，乃至家和国不分；霸道则把家和国、道德伦理和政治法律，截然分开，看君主个人德行的好不好无关于国家的治乱。尽管孟子把王道讲得天花乱坠，拿尧舜三代作为自己的乌托邦，但是实际上这只是一种理想化了的贵族政治。这种政治的社会背景，是自然经济，是宗法制度。随着自然经济和宗法制度的日趋崩溃，这种政治主张也日甚一日地被认为迂阔、唱高调。关于这些道理，和下文讲法家（韩非）的地方综合来看就容易明白了。

第七章　荀子

荀卿名况，赵人。生卒年岁未能确定。他一生的重要事迹大概都在公元前298—前238年之间。他曾经到过当时讲学最繁盛的地方——齐国的稷下。当齐襄王的时候，稷下学者如田骈、慎到等都已经死去，荀卿在那里成为岿然突出的大师。他在赵国见过赵孝成王，也到秦国见过秦昭王，都没有得志。最后到楚国春申君那里，做了个“兰陵令”。春申君被害后，他也被废，就留在兰陵，著书以终。荀卿向来和孟子并称，代表儒家的两大流派。他出现在战国晚期，批判并吸收了诸子百家的学说，所以其内容极为丰富，而又特别带有唯物主义的色彩。韩非、李斯都是他的弟子。

（一）性恶论

孟子讲性善，荀子讲性恶，这是大家都知道的。《荀子》书中单有《性恶》一篇，一开头就说："人之性恶也，其善者伪也。"这不是极明显地主张性恶吗？但是问题并不这样简单，还得把荀子关于人性学说的具体内容仔细加以分析。

首先看荀子说："性者，本始材朴也；伪者，文理隆盛也。无性则伪之无所加，无伪则性不能自美。"（《礼论》篇）他拿"性"和"伪"对举而言。"伪"是荀子所用的一个特别名词，是"人为"的意思，而不是"虚伪"或"诈伪"的意思。他说"性"是"本始材朴"，就是说"性"是一种原始材料。单是这种原始材料，不加以"人为"的力量，使它"文理隆盛"，它固然不能"自美"；但是离了它，那"伪"也无从"伪"起。照这样讲，"性"虽然不能说就是"善"，却也是少不了的一种为"善"的原始材料，这能算得上"恶"吗？

再看他说："凡生乎天地之间者，有血气之属必有知，有知之属莫不爱其类。"（《礼论》篇）紧接着就极力形容鸟甚至小燕雀，怎样爱群恋故，似乎比孟子讲"乍见孺子将入于井"一段还写得更是娓娓动人。这哪里还象什么"性恶论”，岂不简直成为了“性善论”了吗？

的确，荀子有些话简直和孟子没有什么分别。如他说：“涂（途）之人可以为禹。”（《性恶》篇）这和孟子所说“人皆可以为尧舜”不是一模一样吗？“人皆可以为禹”也罢，“人皆可以为尧舜”也罢，总之都承认人是具有可以做圣人的原始材料的。那末，又为什么一个讲性善，一个讲性恶呢？这里面有一个逻辑问题。孟子说：“乃若其情，则可以为善矣，乃所谓善也。”因为性“可以为善”，所以就主张“性善”。荀子的说法恰好与此针锋相对。他说：“小人可以为君子，而不肯为君子；君子可以为小人，而不肯为小人。小人、君子者，未尝不可以相为也，然而不相为者，可以而不可使也。故涂之人可以为禹则然，涂之人能为禹，未必然也。”（《性恶》篇）“可以为尧舜”，“可以为禹”，都只是“可以”而已；却不见得就成为尧舜，成为禹了。“可能”和“现实”中间有距离。“可以而不可使也。”可以为善而不能使人必为善，也不能就算是善。这是荀子从逻辑上向孟子的“性善论”所放出的一枝利箭。照这样推论，他尽可以和孟子有共同的语言，承认“人皆可以为尧舜”，承认“人皆有不忍人之心”……但是归结还是反对“性善论”。因为孟子说来说去只不过是说性“可以为善”，可是“可以为善”还不能说就是善呀。

但是，照这样推论，不仅否定了孟子的“性善论”，连荀子自己的“性恶论”也不能成立。因为既然说“可以为善”不能算就是“善”，那末，同样的，“可以为恶”也不能算就是“恶”。如果说孟子所谓“怵惕恻隐之心”不足以作为“性善论”的理由，那末如荀子所谓“饥而欲食，寒而欲暖，劳而欲息，好利而恶害，是人之所生而有也，是无待而然者也，是禹桀之所同也”（《非相》篇），也同样不足以作为“性恶论”的理由。象这一类“欲食”“欲暖”“欲息”……的自然要求，本来不可以善恶论，怎么能算是“恶”呢？这里面荀子似乎有些自相矛盾。但是，尽管如此，荀子不把“善”当作先天的，人性所固有的，而特别强调一个“伪”字，强调人为，这里面实具有强烈的唯物主义色彩。关于这一点，看下一节就更清楚了。

（二）礼义法度的起源

和某些神秘主义者或者唯心主义者不同，荀子讲礼义法度的起源，既不假托神意，也不说是人性中所固有，而认为是经过古圣人的深思熟虑，权衡利害，给大家创造出来的。他说："今人之生也，方知蓄鸡狗猪彘，又蓄牛羊，然而食不敢有酒肉；余刀布，有囷窌，然而衣不敢有丝帛；约者有筐箧之藏，然而行不敢有舆马。是何也？非不欲也，长虑顾后而恐无以继之故也。……今夫偷生浅知之属，曾经而不知也。……况夫先王之道，仁义之统，诗书礼乐之分乎。彼固天下之大虑也，将为天下生民之属长虑顾后而保万世也……"（《荣辱》篇）"长虑顾后"，为长远利益打算，个人生活如此，治天下亦应当如此。照荀子讲，礼义法度都是古圣人为天下万世长远利益打算而制定出来的。

那末究竟礼义法度对于人有什么用处呢？对于这一点，荀子反复申明，讲得特别起劲。他说："人生而有欲，欲而不得则不能无求，求而无度量分界则不能不争，争则乱，乱则穷。先王恶其乱也，故制礼义以分之，以养人之欲，给人之求，使欲必不穷乎物，物必不屈于欲，两者相持而长，是礼之所起也。"（《礼论》篇）又说："夫贵为天子，富有天下，是人情之所同欲也。然则从人之欲，则势不能容，物不能赡也。故先王案为之制礼仪以分之，使有贵贱之等，长幼之差，知愚能不能之分，皆使人载其事而各得其宜，然后使谷禄多少厚薄称之，是夫群居和一之道也。"（《荣辱》篇）又说："水火有气而无生，草木有生而无知，禽兽有知而无义。人有气、有生、有知，亦且有义，故最为天下贵也。力不若牛，走不若马，而牛马为用何也？曰：人能群，彼不能群也。人何以能群？曰：分。分何以能行？曰：以义。故义以分则和，和则一，一则多力，多力则强，强则胜物，故宫室可得而居也。……故人生不能无群，群而无分则争，争则乱，乱则离，离则弱，弱则不能胜物，故宫室不可得而居也，不可少顷舍礼义之谓也。”（《王制》篇）他抓住一个“群”字的大题目，认为“人生不能无群”，而人之所以“能群”，所以异于禽兽，就在乎有“礼义”。各个人的欲望是无穷的，如果没有“礼义”，不按照“贵贱之等，长幼之差”……规定出“度量分界”，使各得其宜，那就必然要“争”，要“乱”，不能维持人群，生活下去。“礼义”正是“群居和一之道”，是生死治乱所关的大节目。荀子只就大利大害上明白分析，绝不谈玄说妙，很富有说服力。可是，很明显，他是站在贵族的立场上说话。他美化了礼义法度的作用，而掩盖了他的阶级性。儒家传统的等级制度观念在这里又以一种新的理论形式很强烈地表现出来。

（三）法后王

孟子法先王，荀子法后王，也是一种很流行的说法。但是“法后王”的含义究竟怎么样呢？先看他说：“人道莫不有辨，辨莫大于分，分莫大于礼，礼莫大于圣王。圣王有百，吾孰法焉？曰，文久而息，节族久而绝，守法数之有司极礼而褫。故曰，欲观圣王之迹，则于其粲然者矣，后王是也。彼后王者，天下之君也。……故曰，欲观千岁，则数今日；欲知亿万，则审一二；欲知上世，则审周道……”（《非相》篇）从古到今，许许多多“圣王”，究竟应该法哪个呢？只能法那时代较近，我们知道得“粲然”明白的“后王”。因为任何事物，时间“久”了，就要失传。古先圣王的事迹年代太“久”，已经考究不清楚了。所以他更清楚地说：“五帝之外无传人，非无贤人也，久故也；五帝之中无传政，非无善政也，久故也；禹汤有传政，而不若周之察也，非无善政也，久故也。”（《非相》篇）时代越近知道得越详细，时代越远知道得越模糊。好在“文武之道同伏戏”。（《成相》篇）前圣后圣，道实一贯。“欲知上世，则审周道”就可以了。“文武”就是荀子所具体指出来的“后王”。有“文武之道”明摆在眼前，又何必另外找什么“先王”，高谈渺茫难稽的羲、农、黄帝呢？当时“托古”的风气很盛，大家都在“法先王”，似乎越“先”越好。你搬出黄帝，我就搬出神农，一直“先”上去，看谁“先”过谁吧。在这种情况下，荀子提出“法后王”的主张，尊重当代，屏绝一切荒唐附会的“先王”神话，毫无疑问，这是有进步意义的。

但是，如果因此认为荀子就具有历史进化思想，那也不见得。因为他根本认为古今一理，没有什么变化。他说“类不悖虽久同理”，所以明明指斥那些主张“古今异情，其所以治乱者异道”的人为“妄人”。（《非相》篇）这和后来韩非所主张的“世移则事异，事异则备变”，显然相反。他更明白地说：“道不过三代，法不贰后王。道过三代谓之荡，法贰后王谓之不雅。衣服有制，宫室有度，人徒有数，丧祭械用皆有等宜。声则凡非雅声者举废，色则凡非旧文者举息，械用则凡非旧器者举毁。夫是之谓复古，是王者之制也。”（《王制》篇）一面“法后王”，同时却大讲其“复古”，口口声声“旧文”，“旧器”，看来多么矛盾！其实荀子明明把“后王”和“三代”并举，有时候更具体地把“后王”指定为周文、武，这就荀子当时而言，也可以列入“先王”了。因此他可以说：“至治之极复后王。”（《成相》篇）“复后王”也正是“复古”。可见“后王”只是“古先圣王”中的较“后”者，并不是指当代随便一个王而言。不然的话，“后王”上面怎么能安上个“复”字？“法后王”和“复古”怎么能相提并论呢？由此可知，荀子的“法后王”和后来韩非、李斯等变法、贵今的思想还不能混淆在一起，至多可以说是走向他们的过渡，实质上还并没有脱离儒家则古昔、称先王的传统。

（四）天道观

荀子学说中一个最精彩的地方就是他的天道观。他打破什么天人感应、灾异机祥的迷信，不承认有意志能给人祸福的天，而只承认自然现象、自然规律的天，只承认客观存在着不随人意志而转移的天。他说：“天行有常，不为尧存，不为桀亡。”（《天论》篇）天道运行，自有常度，不随人的好坏而改变。如日蚀、星陨之类，人们常认为是“灾异”，是上天对于某些坏人坏事表示谴责的应照。荀子却认为这都是自然现象，无关于人事的治乱。他说：“星坠、木鸣，国人皆恐。曰，是何也？曰，无何也。是天地之变，阴阳之化，物之罕至者也。怪之可也，而畏之非也。夫日月之有蚀，风雨之不时，怪星之傥见，是无世而不常有之。上明而政平，则是虽并世起，无伤也；上暗而政险，则是虽无一至者，无益也。夫星之坠，木之鸣，是天地之变，阴阳之化，物之罕至者也。怪之可也，而畏之非也。”（《天论》篇）有些不常见的自然现象，如“星坠、木鸣”之类，觉得很奇怪，倒也是人之常情，因为不常见嘛。至于“畏之”，那就不对了。人世治乱那是人自己的事情，和这些自然现象的有无毫不相干，有什么可“畏”呢？人事自人事，天道自天道，一点神秘气味没有，这是一种很开明的唯物主义观点。又如荀子说：“雩而雨何也？曰，无何也？犹不雩而雨也。日月食而救之，天旱而雩，卜筮然后决大事，非以为得求也，以文之也。故君子以为文，而百姓以为神。以为文则吉，以为神则凶也。”（《天论》篇）他一点也不迷信。“雩”是一种求雨的典礼。他明明知道，下雨不下雨不在乎求不求，求雨等于不求雨，明明知道，敲锣打鼓并救不了日月食，卜筮也并不能决大事。然而天旱了，千千万万人命所关，不可没有一种焦急忧惶的表示；日月悬象著明，为大众所瞻仰，现在忽然被食了，不可没有一种惊慌的表示；国家有战争祭祀等“大事”了，占卜一下，亦所以表示郑重。这都是人道所当然，人心所不容已，都是应有之“文”，应有之“礼”。“君子以为文，百姓以为神”。小百姓迷信，他们这班有文化的“君子”们并不迷信。这是儒家的人文主义，可是在这里面也分明包含着浓厚的无神论思想。

荀子不仅能打破传统的迷信，同时还批判地吸收了道家自然主义的天道观而加以根本的改造。他有一段最特出的话：“大天而思之，孰与物蓄而裁（今本作制，依王念孙改）之；从天而颂之，孰与制天命而用之；望时而待之，孰与应时而使之；因物而多之，孰与骋能而化之……”（《天论》篇）这段话好象正是针对着道家自然主义的天道观而发。试看老庄，岂不正是“大天而思之”，正是“从天而颂之”，正是“望时而待之”，正是“因物而多之”？他们完全是服从自然，崇拜自然，成为自然的奴隶。所以荀子曾经批评，“庄子蔽于天而不知人”，这是很中肯的。荀子就不是这样。他根据儒家人文主义的精神，特别强调人为，从道家自然主义天道观的基础上更进一步提出一种很健康的新天道观。他不是在悬想“自然”的伟大（大天而思之），而是要把“自然”作为自己的所有物而加以裁成，使适合自己的需要（物畜而裁之）；不是在歌颂“自然”的神妙（从天而颂之），而是要掌握“自然”的规律而加以利用（制天命而用之）；不是在等待“自然”给予好时机（望时而待之），而是要适应所有时机而善于使用（应时而使之）；不是在坐享“自然”所赐予的现成丰富的物资（因物而多之），而是要发挥人的能力，使其更加繁衍变化（骋能而化之）。这完全是以人力利用自然，驾驭自然，征服自然，是一种很积极的唯物主义的世界观，和老庄的气象迥然不同。从这里也更可见出老庄所代表的是没落阶级的思想；而荀子这位新儒家，的确和韩非、李斯一流人物有些脉络相通了。

第八章　惠施、公孙龙

惠施（约公元前370—前310年）曾经做过魏国的宰相，和庄子辩论过。公孙龙（约公元前320—前250年）曾做过平原君的门客，和孔穿辩论过。这两位学者是名家的代表人物。现存有《公孙龙子》一书。《庄子·天下》篇也有关于他们的思想资料。

（一）诡辩主义的两大类型

战国时代的“名家”学说，和希腊的“智者”相似，都是所谓“诡辩派”。在这些学者中，一派以惠施为代表，讲“合同异”，是一种相对主义的学说，一派以公孙龙为代表，讲“离坚白”，是一种绝对主义的学说。这可以说是诡辩主义的两大类型，可以把他们各色各样的诡辩说法都概括在这里面。现在我们分别讲述一下：

（1）惠施的相对主义 惠施主张“合同异”，说是“万物毕同毕异”。从同的一方面看，可以说万物都是相同的；从异的一方面看，也可以说万物都是相异的。这样，同和异就没有什么分别，都没有一定，都是相对的。把这种相对主义贯彻下去，他可以主张“天与地卑，山与泽平”，天和地、山和泽的高下是相对的；可以主张“龟长于蛇”，“白狗黑”，长短、黑白都是相对的；可以主张“天下之中央”在“燕之北，越之南”，主张“今日适越而昔至”，今天往越国去而昨天到了，南与北，今与昔，也都是相对的。他说：“日方中方晚，物方生方死。”太阳正在当中，也就是正在斜着；物正在生着，也就是正在死着。他看什么都是变动不居，没有一定的。

惠施这一派的诡辩学者，看到事物性质的相对方成，看到事物处在不断变化中，事物间的差别只是暂时的，因此，在他们的学说中反映了某些客观辩证法的因素。但是，他们把事物的相对的一方面片面地夸大，从而否定了事物本身的固定性，否认了事物间的质的差别和事物间的矛盾对立，抹杀了具体事物的特点。应该知道，事物虽有相对性，但是在特定的条件下，特定的限度内，每一事物都有它一定的稳定性、一定的特点以与其他事物区别。如南与北虽是相对的，但在燕与越之间，越只能是南，而燕只能是北；今与昔虽是相对的，但拿今日与昨日来讲，今日只能是今而昨日只能是昔。这些地方是固定不变的。惠施这班学者把一切都相对化，同也是异，异也是同；黑也是白，白也是黑；长短、高下……都漫无差别，没有一定，尽可以说是什么就算什么，这是一种极端相对主义的诡辩学说。

（2）公孙龙的绝对主义 公孙龙主张“离坚白”，认为石头的坚度、白色的石头本身是三回事，彼此分离不相连属的。他从以下两点得出了这样一个奇怪的结论：首先，他认为石头的“坚白”属性是和人的主观感觉联系在一起的。他的论证是，眼只能看见石头的颜色，手只能感触石头的硬度；但眼看不见硬度，所以坚性对视觉说是不存在的；手摸不出白色，所以白色对触觉说是不存在的。根据这种观点，他认为只有“坚”性、“白”性和一般的“石”，并没有坚而又白的具体石头，坚、白、石是彼此分离的。他形而上学地割裂了人的认识作用的统一性，从而否认了物质属性的客观实在性，从主观唯心主义观点提出了“离坚白”的诡辩。其次，他还认为坚白两种属性是脱离石体独立自存的东西。他的论证是：具有“坚白”性质的东西并不限于石头，所以“坚白”是脱离石头独立存在的。他甚至宣称“坚白”也是脱离一切物体能独立自存的东西。他割裂了物质的属性和物体本身的联系，实际上肯定属性是脱离物质而存在的实体，又从客观唯心主义观点提出了“离坚白”的诡辩。

公孙龙还有一个著名的诡辩，就是“白马非马”。他认为“马”的概念表示马的形体，“白”的概念表示马的颜色，“白马”包含着“马”和“白”两种因素，因此不能跟“马”等同起来。他还认为，当人们要“马”的时候，各种颜色的“马”都可以满足要求，但当人们要“白马”的时候，其他颜色的马就不能满足要求了，所以“白马”不是“马”。

在这种学说中，公孙龙看到“马”和“白马”两种名词的用法是有区别的。在内涵上“白马”比“马”多，在外延上“马”包括各种类型的马。因此“马”和“白马”不能混同起来。他看到“个别”和“一般”的差别，这在中国逻辑史上是一个重要贡献。但他夸大了这种区别，形而上学地把“一般”和“个别”割裂开来，否认了二者之间对立而又统一的辩证关系，从而认为实际的白马与马也没有联系。从这种形而上学的观点出发，他终于肯定一般的马是脱离具体特殊的白马独立存在的。这与列宁所说“一般只能在个别中存在”的真理显然正相敌对。（以上所讲“坚白论”和“白马论”大部分系摘录北大哲学系所编的《中国哲学史讲授提纲》的原文，特此声明。）

公孙龙是专从概念上分析问题的。“白”是一个概念，“马”是一个概念，“白马”又是一个概念。除下白马、黄马、黑马……还有一个“一般”的马。除下白马之白、白雪之白、白玉之白……还有一个“一般”的白。从具体的“白马”上，分析一个抽象的“马”的概念，还分析出一个抽象的“白”的概念。而所谓“白马”者，其名之所指，既非“马”，又非“白”，亦只能自成其为“白马”。“白”与“马”各自独立，“白马”与“马”亦各自独立。在公孙龙眼里，只看见一个一个不相连属的抽象概念而已。惠施把什么都混同起来，公孙龙却把什么都割裂开。前者看什么都可以互相转化，没有一定，是相对主义的典型；后者看什么都是各自独立，不相连属，是绝对主义的典型。他们恰好各走到一个极端。

（二）名家学说的市民性

名家学说是市民思想的反映，是从商业都市中孕育出来的。我们可以从三方面来谈这个问题：

（1）从名家的产地来看 我们知道名家最重要的代表人物惠施和公孙龙，一个是魏人，一个是赵人。传说中的名家首创者邓析又是春秋时代的郑人，而郑就是后来韩国的都城。这样说来，三晋实为名家的产生地。这是很有意义的。司马迁说“三晋多权变之士”，这虽是指公孙衍、张仪一流纵横家而言，但名家的产生和这些“权变之士”，实需要同样的社会条件。什么社会条件呢？就是商业发展，都市繁荣，有见闻广博、头脑复杂的大批市民。《吕氏春秋·上农》篇有一段话：“民舍本而事末则好智，好智则多诈，多诈则巧法令，以是为非，以非为是。”这段话除开它里面所含重本轻末即重农轻商的意味我们不管外，倒可以用来说明纵横家的起源，而尤其是可用来说明名家的起源。这两家虽然一则向“诈”的方面发展（纵横家），一则向“巧法令”的方面发展（名家），但其“好智”同，其“以是为非，以非为是”同。他们都是以“舍本而事末”的市民为基础，以三晋为其大本营。这实在不是偶然的。

就拿名家最初的策源地郑国来说，当春秋时代，那就是商业最发展的地方。试看《左传》上所载许多郑国商人的故事，如弦高犒师啦，子产拒绝韩宣子向商人去索玉环，郑商人谋出晋智莹于楚啦，都足见郑国商人特别活跃。在这样一个商业中心地，人们的头脑不会象农民那样单纯，自然很容易出现一些新鲜事物。名家的诡辩，是当时一种新学说，正是“好智”，“巧法令”，“以是为非，以非为是”的结晶品。象邓析这样的人，教民争讼，简直把郑国的执政者搞得没有办法，真不愧为“好智”，“巧法令”，“以是为非，以非为是”的代表人物。名家托始于他，实在是有道理的。战国时代，商业更发达了。大梁、邯郸都是当时极为繁盛的商业都会，恰好成为惠施、公孙龙一班名家人物活动的地盘。除三晋外，还有擅东海鱼盐之利的齐国，自春秋以来，一向开风气之先，为各种新鲜事物的产生地。战国中叶，齐国的稷下成为全中国学术最灿烂的地方。其中名家人物如田巴之流是不少的。

（2）从名家学说的抽象性和破坏性来看　对于事物的属性或概念作抽象的分析，这是名家学说的一个特征。最显著的如上文所讲公孙龙“白马非马”的学说，完全是在抽象的概念里绕圈子。公孙龙并且单有一篇讲“指物”，认为“物莫非指”。什么是“指”？就是每一个名词所指的概念。“物莫非指”者，也就是说每一个名词是一个概念。譬如说“马”是一个概念，“白”是一个概念，“白马”也是一个概念。这不仅公孙龙，一般说来，名家都是重视这个“概念”、重视这个“名词”的，所以荀子批评他们道：“惠子蔽于辞而不知实。”（《解蔽》篇）司马谈也批评他们道：“名家苛察缴绕，使人不得反其意，专决于名而失人情。”（《史记·太史公自序》）他们都是攻击名家专在名词上诡辩而不合于实情。他们重在“物”，名家重在“指”。他们重在认识具体的事物，名家重在分析抽象的概念。

我以为这种抽象性的学说，是都市的产物，是市民思想的反映。在农村中，在自然经济条件下，一尺布只是一尺布，一斗米只是一斗米，映射在人们眼中的全是这些具体的个别的事物，所以抽象的思想是不容易发生的。但是在都市中，在商品经济条件下，情形就不同了。在市场上，货币起着重要的作用，货币把一切商品都抽象化了。一尺布不是一尺布，一斗米也不是一斗米，它们间性质的差异完全失掉而都由若干数量的货币来代表。因此，从市民中间就很容易孕育出抽象性的学说。在先秦诸子中，名家正是市民思想的代表，所以他们特别长于抽象的分析。各家学说在这一方面很受他们的影响。

名家学说的另一个特征是它对于传统的思想信仰的破坏性。不管“合同异”也好，“离坚白”也好，乃至什么“鸡三足”“卵有毛”“白狗黑”“犬可以为羊”……总而言之，“以是为非，以非为是”，一反大家向来的说法。这对于传统的思想信仰显然具有极大的破坏性。在这里，什么传统的是非善恶的标准都被他们一脚踢开了。所以荀子批评他们“不法先王，不是礼义，而好治怪说，玩琦辞……”（《非十二子》篇）他们管什么“先王”，什么“礼义”呢。好“怪”，好“琦”，也可以说是新兴的市民思想反对旧思想传统的反映。

（3）从名家的社会政治思想来看 名家不单是玩弄诡辩，也不单是破坏传统的思想信仰，他们还自有一套社会政治思想。虽然他们关于这方面的理论大都失传，但是从他们仅传的几段轶事中，亦可以略窥他们主张的大概，兹简述如下：

一曰泛爱。《庄子·天下》篇述惠施所讲的十事，其最后的一条即：“泛爱万物，天地一体也。”这自然是很明显主张“泛爱”。就连公孙龙的白马非马论也和这种思想有关系。当公孙龙和孔穿辩论这个问题的时候，曾经举出一个故事道：楚王出去打猎，把弓失掉了，楚王不让去找，说是楚人失弓，楚人得之，何必找呢。孔子听说了，就批评道：楚王很仁义，但是还不彻底。只需说“人”丢了弓，还是“人”得到它就对了，何必加上个“楚”字？照这样说，孔子既然可以把“楚人”和“人”区别开，为什么我就不可以把“白马”和“马”区别开呢？原来公孙龙“异白马于所谓马”，等于“异楚人于所谓人”。单讲“白马非马”，你只感觉到它的名学上的意味，可是一推论下去，说是爱“楚人”不算爱“人”，这就牵涉到伦理道德方面，显然其中也包含了一种泛爱思想。

二曰偃兵。“偃兵”就是停止战争的意思，是一种反战或“非攻”的思想。由“泛爱”而主张“偃兵”，也是很自然的。《吕氏春秋》里面有公孙龙讲偃兵的两段故事，一是游说燕昭王，一是游说赵惠文王，可见公孙龙是到处作反战运动的。惠施为着避免战争而不惜牺牲自己“去尊”的主张，可见他对于反战运动也很热心（事详下段）。

三曰去尊。惠施有一种“去尊”的学说，很可注意。《吕氏春秋·爱类》篇载：“匡章谓惠子曰：公子学去尊，今又王齐王，何其倒也？”下边是惠施回答的话，大概是说“王齐王”可以避免战争，救民之死，所以就牺牲了自己“去尊”的学说。这和名家“泛爱”“偃兵”的主张显然很有关系。至于“去尊”是怎样讲法，这一学说的内容是什么，这里并没有解释。但据匡章的话看来，既然“去尊”，就不应该“王齐王”，不应该尊齐王为王，“去尊”和“王齐王”互相冲突，那末，也许“去尊”就是不要尊奉谁为“王”，就是不要“王”的意思。倘若真是这样，那就格外值得重视了。

四曰制法。名家并不单是“诡辞以乱法”，他们自己也还要制法。如为名家所托始的邓析，就是一方面“巧法令”，钻郑国现行法的空子，把他们搞乱得没办法，同时，他自己却另制一套法，后来也被郑国采用了，虽然他自身被杀。据《吕氏春秋》记载，惠施也曾给魏国制过法。法成了，叫人民看，叫惠王看，叫翟翦看，都说好。但是翟翦认为好是好，却是不可用。为什么呢？他说：譬如举大木的，大家前呼后应，唱着哟嗬哟嗬的调子，这个调子对于举大木是很好的。难道说没有更好听的“郑卫之音”吗？可是“郑卫之音”对于举大木的并不如哟嗬哟嗬这个调子合适。照这看起来，惠施所制的法一定是很漂亮，很动人，所以谁看见都说好。但是从翟翦批评他好而不可用这一点来看，也许他制的法，在当时可能行不通，有一点“唱高调”的意味。虽然是一种新法，然而和当时法家如商鞅一班人所制定的新法恐怕又有些不同吧。

五曰正名。这并不是儒家正名分的意思，而是所谓“名以正形，形以正名”，是一种综核名实的主张。在《公孙龙子》里面，明说是“疾名实之乱……欲推是辩以正名实而化天下焉”；“古之明王，审其名实，慎其所谓”。可知名家以“正名实”为一种政治手段。但是名家的正名实和法家又自不同。法家注重的是循名以责实，而名家却是要因实以制名。上述的引文里，一则曰“欲推是辩”，再则曰“慎其所谓”，可知名家功夫全用在辨析名词上。辨析名词的实际用处在厘定法令。如邓析、惠施都曾以巧于辨析名词而制成漂亮的新法典。假使这些法典能够保存下来的话，我们从那里面也许可以看见名家正在政治上应用的许多琦辞妙义，也许还有些“非常异义可怪论”吧。

从以上所述，可知名家的社会政治思想有许多地方可以和墨家相通。但是我们必须注意，名家和墨家有根本不能混同的地方：其一，名家没有墨家那样会党式的组织；其二，名家没有墨家那样刑徒般的生活；其三，两家虽都有浓厚的名学兴趣，但是名家是违反常识的，如离坚白，合同异，墨家是合于常识的，如合坚白，离同异，彼此恰恰相反；其四，名家自有来源，他们托始于邓析，并没有奉墨翟为始祖，所以庄子、荀子都把惠施和墨子分别论述，没有把他们列成一家。大概名家很带些商人气息，可以说代表着市民中的上层；墨家和手工业者都有关系，可以说代表着市民中的下层。他们虽然都反映些市民思想，但是又各自具有显著的特色。

第九章　宋牼、许行、邹衍等

当战国中叶，约略和孟子庄子同时，或稍前稍后的学者自成一派的很多。除上面所讲各家外，再举几个重要代表人物谈一谈：

（一）宋牼

宋牼亦称宋钘，或宋荣，《孟子》《庄子》《荀子》《韩非子》书中都曾提到他，可见他也是当时“显学”之一。他的著述久已失传。据郭沫若先生考订，现在《管子》书中的《心术》《内业》《白心》《枢言》等篇是宋牼和尹文的遗著。从这几篇的内容看，他应该是一位道家的人物。但是《荀子·非十二子》篇既然把他和墨子列在一起，而照《庄子·天下》篇所述这个学派的大概情况来看，他的确带有浓厚的墨家色彩。我们只好说他非墨非道，亦墨亦道，而自成一家。

宋牼是热心救世，积极作“禁攻寝兵”反战运动的。他忍饥挨饿，日夜不休地到处奔走，“上说下教”，“强聒不舍”，甚至“上下见厌而强见也”，一心一意“愿天下之安宁以活民命”。他教人“宽”，教人“恕”，教人寡欲，教人受了侮也不以为辱，这样去调和海内，使大家都过得去，“人我之差毕足而止”。他的确是“具为人太多，其自为太少”。他强力忍垢，宣传教义，简直象基督教徒原谅世人一切罪恶，追着人去传教一样，大有宋朝人所谓“斥之不退，讪之不怒”的风味。

宋牼还有一种“别宥”的学说。“别宥”就是“去宥”，就是教人不要心有所蔽。《吕氏春秋·去宥》篇述其大旨道：“……齐人有欲得金者，清旦被衣冠往鬻金者之所，见人操金，攫而夺之。吏搏而束缚之，问曰：‘人皆在焉，子攫人之金，何哉？’对曰：‘殊不见人，徒见金耳。’此真大有所宥（囿）也。夫人有所宥者，固以昼为昏，以白为黑，以尧为桀，宥之所败亦大矣。亡国之主，其皆甚有所宥耶。故凡人必‘别宥’然后知。‘别宥’则能全其天矣。”白昼攫金，但见金不见人，这是很著名的一个故事。人各有所“宥”，有所“宥”则不能认识事物的真相，而颠倒错乱，黑白混淆。“去宥”则通知物情而无所隔阂，所以“接万物以别宥为始”。知道自己有所“宥”，则不敢执己而自是；知道“宥”为人所通有，则对于人的错失自能原谅。这样，也就能“宽”，能“恕”，而不至于“斗”，不至于“战”了。

总而言之，宋牼之学，正如庄子所概括，“以禁攻寝兵为外，以情欲寡浅为内”。他虽然也讲什么“道”，什么“灵气”，但是和道家那样消极的态度很不相类，而倒是很象墨家那样，充分表现出热心救世、积极活动的精神。

（二）许行

许行是所谓“农家”的代表人物。有人把他归入墨家，甚至说他就是墨子的再传弟子许犯，我看靠不住。因为据《孟子》，许行既自托为“神农之言”，并没有认墨子或大禹为其祖师，并且他提倡“君民并耕”和“市价不贰”的学说，并非墨家所有。不过他也是代表下层社会的一个学派，在某些方面和墨家有点相通。如《孟子》中述他“其徒数十人，皆衣褐，捆履织席以为食”，并且声称“愿受一廛而为氓”（给一所房子当老百姓），这样自处于老百姓的地位，自食其力，过着极刻苦的生活，不是和墨家很相类吗？其实墨家虽然“生勤死薄”生活很刻苦，但是还没有教人都必须参加生产劳动。如《墨子·鲁问》篇就明明说：“王公大人用吾言，国必治；匹夫徒步之士用吾言，行必修。故翟以为虽不耕而食饥，不织而衣寒，功贤于耕而食之，织而衣之者也。故翟以为虽不耕织乎，而功贤于耕织也。”这简直是孟子“通功易事”，“劳心”，“劳力”的一派论调。至于许行却不然，他主张“君民并耕”，谁都得参加生产劳动。他说：

> 贤者与民并耕而食，饔飧而治。今也滕有仓廪府库，则是厉民而以自养也。

这是很激烈的言论，把统治者的“仓廪府库”直斥为对人民的剥削。君主也得自耕、自食，不许叫人供养。这显然比墨家更带下层社会的色彩，尖锐地表达出劳动人民的思想。

许行还有个“市贾［价］不贰”的学说。他的弟子陈相说：“从许子之道，则市贾不贰，国中无伪，虽使五尺之童适市，莫之或欺。布帛长短同，则贾相若；麻缕丝絮轻重同，则贾相若；屦大小同，则贾相若。”这也反映一般劳动人民的要求，表达出他们反对奸商市侩的思想。

许行的学说表现出一种原始的朴素的农民社会主义思

想。你尽可以说他空想、幼稚，然而这正显出它是一种伟大思想的萌芽呵！

（三）邹衍

邹衍是所谓“阴阳家”的代表人物。他的著述久已失传。从《史记·孟子荀卿列传》及《吕氏春秋·应同》篇所述这派学说的大旨来看，可以说是一种新贵族学说而为儒家的一个别派。他大概受了儒家子思、孟子一派的影响而更加以浪漫化，特别向阴阳五行这一套学术方面发展。我们且把他的“大九州”和“五德终始”的学说大略说一下：

什么是“大九州”？我们知道，一般学者不是常说上古时代全中国共分九州么？邹衍以为这所谓九州乃是小九州。把这九州合起来才是一个大州，叫作“赤县神州”。中国以外，还有八个这样的大州，合“赤县神州”共九个，这才是“大九州”。每一个大州外面，有一个“稗海”环绕着，彼此不能相通。在九大州外面，有一个“大瀛海”环绕着，这就是天地的边缘了。本来邹衍是齐国人，生长在滨海都市中，可能听到些“海外奇谈”再加以夸大、浪漫化，所以讲这样“闳大不经”。但是归结起来还是讲“仁义节俭，君臣上下六亲之施”儒家的那老一套。他的海外奇谈，只是为着耸人听闻，使那些君主们容易被说服罢了。

邹衍的学说，在后来学术思想乃至实际政治上影响最大的是他的“五德终始”说。这学说的内容大概如《吕氏春秋·应同》篇所说：

> 凡帝王之将兴也，天必先见祥乎下民。黄帝之时，天先见大螾大蝼。黄帝曰：“土气胜！”土气胜，故其色尚黄，其事则土。及禹之时，天先见草木秋冬不杀。禹曰：“木气胜！”木气胜，故其色尚青，其事则木。及汤之时，天先见金刃生于水。汤曰：“金气胜！”金气胜，故其色尚白，其事则金。及文王之时，天先见火，赤鸟衔丹书，集于周社。文王曰：“火气胜。”火气胜，故其色尚赤，其事则火。代火者必将水，天且先见水气胜。水气胜，故其色尚黑，其事则水。水气至而不知数备，将徙于土。

金、木、水、火、土五气就是“五德”。“五德”循环，相代而兴。每一个朝代相当一个“德”，其一切制度设施都要和这个“德”相应。一部历史就是这样一套一套地循环推演下去，这是有定数可以预推的。当时大一统的机运快要成熟，各强大国家在相继称王之后，又企图称“帝”。但是究竟谁能统一呢？这个帝位究竟要归给谁呢？这是当时一班君主贵族所渴望解决的问题。于是阴阳家回答道：“代火者必将水。”运数是有一定的，天位是不可妄干的。现在火德已衰，你们且等着水德之瑞出现吧，且看谁有水德吧。这种“王命论”，分明适应着正在大一统之途上迈进的强大君主们的要求。

第十章　韩非

韩非（约公元前280—前233年）是韩国的一个公子，曾师事荀卿，和李斯为同学。秦始皇看见他的著作，大为赞赏。后来他出使于秦，却被害了。他是“法家”的一位重要代表人物，综合了他以前法家的各种学说，并且从荀卿和老子的学说中吸取些东西。他的遗著《韩非子》，是现存法家著述比较完整的一部。

（一）法、术、势

战国时代实际政治上的趋势，是从贵族政治过渡到君主集权政治，也就是从氏族贵族的统治过渡到新兴地主的统治。法家学说正反映了这种趋势，也可以说，是适应这种趋势而产生出来的。在韩非以前，早就有商鞅讲“法”，申不害讲“术”，慎到讲“势”，都是法家的重要代表人物。到了韩非，更把这些学说一炉而冶，可以说集法家之大成。我们现在就以韩非为代表，把“法”“术”“势”的大旨谈一谈：

（1）法　什么是“法”？韩非说：“法者，编著之图籍，设之于官府，而布之于百姓者也。”（《难三》）又说：“法者，宪命著于官府，刑罚必于民心，赏存乎慎法，而罚加乎奸令者也。”（《定法》）制为一定的条文，由官府向人民公布出去，使大家明白晓知，一体遵守，顺令者赏，犯禁者罚，这就叫作“法”。我们知道，直到春秋晚期，郑子产铸刑书，才有向人民公开的法律。在这以前，只有所谓“礼”，并无所谓“法”。那班氏族贵族们只是依照着古老的传统和流行的风俗习惯作些临时规定来进行统治，并没有成文法典公布出来，作为大家共同遵守的客观标准。到法家如商鞅这般人物出来，不论亲疏贵贱一裁于法，这可以说是一种革命性的政治变革。韩非是主张“法制”，主张以“法”为治的，任“法”而不任“人”，所以说：“使法择人，不自举也；使法量功，不自度也。”（《有度》）有什么都通过“法”去做，个人聪明才智放在一边。这可以说是依“法”办事，靠“制度”办事。如果没有一套“法”、一套“制度”，而单凭个人的聪明才智，这就要如所说：“释法术而任心治，尧不能正一国。去规矩而妄意度，奚仲不能成一轮。”（《用人》）离开规矩准绳而专凭个人心灵手巧，那能济得什么事。“法”就是规矩准绳，就是一切言论行事的客观标准。所以韩非教人“不游意于法之外，不为惠于法之内，动无非法”。（《有度》）只许依“法”办事，多一点少一点都不行，这是唯一的、至上的。因而一切言论行事有不合于“法”者在所必禁。他说：“明主之国，无书简之文，以法为教；无先王之语，以吏为师。”（《五蠹》）“明主之国，令者，言最贵者也；法者，事最适者也。言无二贵，法不两适。故言行而不轨于法令者必禁。”（《问辩》）这是连学术思想也要用“法”统一起来，后来李斯“别黑白而定一尊”，正是这一主张的实现。

（2）术　什么是“术”？韩非说：“术者藏之于胸中，以偶众端，而潜御群臣者也。”（《有度》）“术”是人君驾驭群臣的手段，须要藏在心中，暗自运用。“法”是公开的，而“术”却是秘密的。所以说：“法莫如显，而术不欲见。”（《有度》）单有“法”而无“术”，那就会被奸人所欺骗，所利用。在《韩非子》中，有“七术”“六微”……之说，如《内外储说》诸篇所述，备极险刻。总而言之，都是些阴谋权术、防奸的手段，这里也不必多讲了。

（3）势　韩非兼重“法”“术”，而其“法”“术”

所以能行，又全仗一种威势，或者说权力。他说："夫马之所以能任重引车致远道者，以筋力也。万乘之主，千乘之君，所以制天下而征诸侯者，以其威势也。威势者，人主之筋力也。"（《人主》）又说："桀为天子，能制天下，非贤也，势重也。尧为匹夫，不能正三家，非不肖也，位卑也。"（《功名》）人君处在有"威势"的地位，那种"威势"就是他的"筋力"，就是他统治人民的一种力量。他毫不客气地把政治认为一种统治权力，打破了儒家政治与道德混在一起的那种家长式的政治思想。他执赏罚"二柄"，用"威势"以推行其"法"。而所谓"术"者，亦不外善用其"势"，使其"法"推行有效的种种手段而已。

总之，韩非主张加重君主的权力、"威势"，以"术"御群臣，使全国人一切言论行事都准乎"法"——这正是当时新兴地主所需要，适合于当时政治上新趋势的君主集权下的法治主义。

（二）反德化论

法家所主张的是法治、术治、势治，和儒家所讲那一套唯心主义的家长式的礼治、德治正相对立，所以韩非昌言攻击儒家的德化论。儒家编造出许多古圣人的德化故事，如讲什么帝舜亲自到历山去耕田以感化农民，到河滨去打鱼以感化渔民，到东夷去做陶器以感化陶匠，辛辛苦苦，到处以德化民，看来是多么仁爱呵！韩非根本不信这些故事，揭穿了它的虚伪性。并且认为即使真象故事所说，今年到这里去感化几个人，明年到那里去感化几个人，天下这么大，人这么多，一个舜怎么会感化过来？这未免太笨了。要照韩非的办法，很干脆，那就是："赏罚使天下必行之。令曰，'中程者赏，不中程者诛'。令朝至暮变，暮至朝变，十日而海内毕矣。"（《难一》）看"法治"多么容易见效，又何必"劳而少功"地去搞什么"德化"呢？他根本不象德化论者那样，要求人人都变成"士君子"，自觉自愿地都趋向于"善"，而只是想用法术威势制服住人，使不为恶不作乱就够了。所以他说：

> 夫圣人之治国，不恃人之为吾善也，而用其不得为非也。恃人之为吾善也，境内不什数；用人不得为非，一国可使齐。为治者用众而舍寡，故不务德而务法。夫必恃自直之箭，百世无矢，恃自圆之木，千世无轮矣。自直之箭，自圆之木，百世无有一，然而世皆乘车射禽者，何

也？隐栝之道用也。虽有不恃隐栝，而有自直之箭，自圆之木，良工弗贵也。何则？乘者非一人，射者非一发也。虽不恃赏罚，而有恃自善之民，明主弗贵也。何则？国法不可失，而所治非一人也。（《显学》）

他的政治目标有明确的限度，就是只使民“不得为非”。“自善之民”，也就是说自然合乎统治者要求的人，和“自直之箭”“自圆之木”一样，总是极少数极个别的。“人人有士君子之行”，这是儒家的空想。绝大多数人是非加以矫正约束，非加以“隐栝”是不会合乎规格的。所以他“不务德而务法”。德化之说非不美，但是不如法治的“论卑易行”有实效。韩非对那些用仁义治国者极力嘲笑着：

夫婴儿相与戏也，以尘为饭，以涂为羹，以木为胾，然至日晚必归饷，尘饭涂羹可以为戏而不可食也。夫称上古之传颂辩而不悫，道先王仁义而不能正国者，此亦可以为戏而不可以为治也。（《外储说左上》）

他把“仁义”看作“尘饭涂羹”，没有一点实际用处，只能随便玩一玩，作一种点缀，却不可用以治国。他不讲什么“仁政”，明显地反对均产，反对布施，而主张自由竞争。他说：

语治者多曰：“与贫穷地，以实无资”。今夫与人相若也，无丰年旁入之利，而独以完给者，非力则俭也。与人相若也，无饥馑疾疚祸罪之殃，独以贫穷者，非侈则惰也。侈而惰者贫，而力而俭者富。今上征敛于富人，以布施于贫家，是夺力俭而与侈惰也。而欲索民之疾作而节用，不可得也。（《显学》）

这是明白站在新兴地主的立场上说话，明白为他们自主兼并土地作辩护。照他的说法，地主都是由勤俭致富，而贫穷都是由于侈惰，活该。他不管什么顺民心不顺民心。他说：

今不知治者，必曰得民之心。欲得民之心而可以为治，则是伊尹、管仲无所用也，将听民而已矣。民智之不可用，犹婴儿之心也。……昔禹决江浚河而民聚瓦石，子产开亩树桑而人谤訾。禹利天下，子产存郑，皆以受谤，夫民智之不足用亦明矣。（《显学》）

他把民众都看成傻孩子，什么也不懂，根本不要听他们。这和商鞅所谓“愚民可与乐成，难与虑始”，所谓“智者作法，愚者治焉；贤者制礼，不肖者拘焉”一类的话，最足表现法家独裁专制的本色。他们都是独断独行，悍然不顾，一意进取，对于德化论者那些好听话他们都一脚踢开。韩非根本把人性看得极坏。儒家象孟子，主张性善，其主张德化自不必说。就连荀子，号称为性恶论者，但是他仍以为“涂之人可以为禹”，可以“化性而起伪”，并没有说人根本就不会好，所以他也仍然主张德化。韩非却不然了。他才是真正极端的性恶论者，把人都看得象鬼蜮一般，只知势利，纯是机诈，什么道德仁义，都不过仅有此说吧。他看君臣之间都是斗心眼儿。“上下一日百战。”甚至父母妻子都不可信，“人主之疾死者不能得半”，大概都被他的亲近者害死了。他说得真是骇人听闻。象这样世界还使用上“德化”了吗？本来周末是中国社会大变动的时代，积古相传的道德礼教到此时都成废物，失掉了约束人心的作用。韩非是新兴统治阶级的代言者，其反对过时的“德化”空论那是很自然的。

（三）功用主义

韩非是实事求是的，有唯物主义者的色彩。他听言观行总要看有没有“功用”。他说：“夫言行者，以功用为之的彀者也。”（《问辩》）言行必须以“功用”为标准，正象射箭必须有一定的箭靶子一样。如果“无的放矢”，不管射到哪里，那末随便谁都可以算是善射者了。他还打个比方：

人皆寐则盲者不知，皆嘿则喑者不知。觉而使之视，问而使之对，则盲喑者穷矣。（《六反》）

不经实际考验，谁都可以鬼混，一考验，那些没真正本领的人就露底了。所以“明主听其言必责其用，观其行必求其功”。（《六反》）任何好名义，倘若经不起实际的考验，没有实际的“功用”，他决不信那一套。他极力攻击当时那种“所用非所养，所养非所用”的不合理现象，反对一切“微妙之言”。他说：

今境内之民皆言治，藏商、管之法者家有之，而国愈贫。言耕者众，执耒者寡也。境内皆言兵，藏孙、吴之书者家有之，而兵愈弱。言战者多，被甲者少也。故明主用其力不听其言，赏其功必禁无用。（《五蠹》）

今世主察无用之辩，尊远功之行，索国之富强，不可得也。博习辩智如孔、墨，孔、墨不耕耨，则国何得焉。修孝寡欲如曾、史，曾、史不攻战，则国何利焉。（《八说》）

极严格地拿 “功用”甄别一切言行，一切虚文粉饰之习。他只知道富国强兵，一心一意，专务耕战。凡是和耕战无直接关系，无当于富国强兵之用者，一概不取。因此一切“微妙之言”，乃至“管商之法”，“孙吴之书”，以及“慈惠”“贞信”“修孝寡欲”，都在摈弃之列。这种极端严格的功用主义正是当时新兴地主阶级思想的反映。

（四）历史思想

法家颇有一点历史进化观念，不象儒家的复古守旧。如商鞅说过：“前世不同教，何古之法？帝王不相复，何礼之循？……当时而立法，因事而制礼。礼法以时而定，制令各顺其宜。……治世不一道，便国不法古。”（《商君书·更法》篇）这是法家的变法哲学，和儒家古今一理的见解显然不同，在韩非书中，这种思想发挥得格外透彻。如：

> 今有构木钻燧于夏后之世者，必为鲧禹笑矣。有决渎于殷周之世者，必为汤武笑矣。然则今有美尧舜禹汤文武之道于当今之世者，必为新圣笑矣。是以圣人不期循古，不法常可，论世之事，因为之备。（《五蠹》）

他居然提出个“新圣”来，把尧舜禹汤文武这许多古代圣王都加以否定，这种说法实在是尖锐，大胆。所谓“论世之事，因为之备”，所谓“事因于世，而备适于事”，所谓“世移则事异，事异则备变”，显然见得历史是变动不居的，和商鞅所说正是同样意思，他并且把历史分明划出三个时代：

> 上古竞于道德，中世逐于智谋，当今争于气力。（《五蠹》）

这样讲三个时代的特征——道德、智谋、气力——比《商君书》中所谓“上世亲亲而爱私，中世上贤而说仁，下世贵贵而尊官”（《开塞》）更为明确。一时代有一时代的需要，一时代有一时代的事业。还有最值得注意的，就是韩非不仅讲历史演变，并且还讲到历史演变的动力。为什么古代是那样，现在是这样？为什么历史要演变呢？在这里韩非提出一种“人口史观”。他说：

> 古者，丈夫不耕，草木之实足食也；妇人不织，禽兽之皮足衣也。不事力而养足，人民少而财有余，故民不争。是以厚赏不行，重罚不用，而民自治。今人有五子不为多，子又有五子，大父未死而有二十五孙。是以人民众而货财寡，事力劳而供养薄，故民争。虽信赏累罚而不免于乱。……是以古之易财非仁也，财多也；今之争夺非鄙也，财寡也。轻辞天子非高也，势薄也；重争土橐非下也，权重也。（《五蠹》）

照韩非的看法，古今的差异，根本上说来，不过是一个地广人稀，一个是人稠地窄。人口总是日渐加多，土地总是日渐嫌少，生活总是日渐困难。因此“上古竞于道德，中世逐于智谋，当今争于气力”，遂成为历史演变必然的趋势了。这种历史观，从现在看来，当然是荒谬的，但是反映了当时社会发展的某些情况。他明明说“仁义宜于古不宜于今”。何以故？古时人少，现在人多故。他明明替“今之争夺”辩护，说是“非鄙”。其辩护的理由归结到人口问题上。根据这种理由，对外不妨侵略，对内可以自由兼并，于是乎有所谓“耕战”政策。这些地方最能表现法家的新兴地主阶级的色彩。

第十一章　秦汉大一统与先秦诸子的结局

看以上各章，可以知道春秋战国的确是一个“百家争鸣”的时代，也是中国思想史上一个最灿烂的时代。当时思想界五光十色，各放异彩。但是一到秦汉时代，忽然暗淡下去了。于是乎有人说，古代学术的灭绝，全坏在秦始皇的一把火。又有人觉得这样讲法未免把历史看得太简单，于是另提出许多理由来解释先秦诸子为什么灭绝，如“怀疑主义的名学”啦，“狭义的功用主义”啦，“专制的一尊主义”啦，“方士派的迷信”啦。（胡适《中国哲学史大纲》）总而言之，东拉西扯，专在枝叶上、表面上转圈子。其实先秦诸子果然灭绝了吗？我以为他们并没有灭绝，而只是转化；并且这转化的原因，既不在秦始皇的一把火，同样也不是专就思想论思想所能说明的。看第一章所讲，我们可以知道诸子学说是从周末社会大转变中自然涌现出来的。那末，随着秦汉间社会局面的稳定，而思想界也逐渐稳定下来，这不是当然的推论吗？诸子学说本来都各以某一个社会阶层的代言人而出现，那末，随着阶级关系的变化，它们的地位，它们的内容，也都起了变化，这不也是当然的推论吗？所以要考察先秦诸子的结局，必须从当时整个社会局面的变化，从当时阶级关系的变化上着眼。

（一）在新社会局面下诸子学说的升沉

我们应该知道秦汉大一统局面的形成，是以新兴地主作支柱的。当春秋时代，秦国还是个落后的部落，中原诸国都以夷狄视之。可是一到战国，它忽然强盛起来了，攻打各国如摧枯拉朽，山东诸侯完全失掉抵抗能力，这是什么缘故呢？自然，这个问题的关键在乎商鞅变法。我们知道，商鞅的政策是："强公室，杜私门，明法令，务耕战。"它一方面摧毁了氏族贵族的势力，一方面为新兴地主开辟了发展的前途，他的政权性质显然是代表新兴地主阶级的。这些政策本不是商鞅所独创，李悝、吴起等早已施行于魏、楚诸国。但是因为这些先进国中传统的旧势力太大，所以新政策不能彻底推行。倒是落后的秦国，痛痛快快地来了个大改革，反而跑到前面去了。新政策施行的结果，使秦国生产力大大发展，而军队的成分亦大大改变。生气泼辣，一意进取，比着山东诸国辗转缠绕、腐化鱼烂于旧贵族势力中而不能自拔者迥然不同。秦国对六国的战争，是一个新社会对一个旧社会的战争，是新兴的地主阶级对旧氏族贵族的革命战争。如同拿破仑凭借法国新兴资产阶级的势力鞭挞旧欧洲一样，商鞅、李斯、秦始皇等亦凭借秦国新兴地主阶级的势力鞭挞了氏族贵族统治的旧中国。秦国之所以转弱为强，山东诸国之所以由盛而衰，不仅由于几个政治家的活动，而是和当时社会阶级关系变化的整个形势相关联的。

自秦朝统一以后，新兴地主阶级统治的局面已经确定了。秦始皇、李斯等代表了新兴地主阶级的观点，“别黑白而定一尊”，积极地来了个文化统治。在这种局面下，最得势的学术思想，当然是代表地主阶级的法家学说。试以韩非的学说和秦朝实际政治相对证，就知道秦朝所走的完全是法家路线。“以法为教”，“以吏为师”，其极端至于焚书坑儒，这可以说是法家思想的完全胜利。但是法家思想独占的局面是不能常保的。当秦朝末年，新的社会矛盾，引起了农民大起义，颠覆了以法家思想为指导的秦朝政权。继起的汉朝统治者，乃“王霸杂用”，由法家而转向了儒家，终于造成了一个儒术独尊的局面，它支配着中国封建社会约两千年的历史。这个从法到儒的推移过程该怎样解释呢？难道说汉朝的政权变了性质，不是地主阶级统治的政权了吗？为什么秦朝尊法而去儒，而汉以后反而独尊儒术？我以为要解答这个问题须从地主阶级的地位变迁上着眼。当春秋战国间，中国东方型的奴隶制社会正在崩解，而向来占统治地位的氏族贵族还有很大势力。所以那时候的新兴地主是和旧有的氏族贵族对立的。他们想爬上统治地位，就必须和这些氏族贵族作斗争。他们对于传统的贵族文化持破坏态度。他们是进取的、革命的。试看法家，反对德化，反对仁义孝弟，那样的猛烈大胆。秦朝采用这种学说，就想把传统的贵族文化一扫而空，他们的措施是富有革命意义的。但不久秦朝的革命任务完毕了，新兴地主的统治地位确定了。现在他们当前的问题，不在于怎样战胜各阶级以取得统治地位，而在于怎样驯伏各阶级使他们安心受他的统治；不在于破灭传统的贵族文化，而在于吸收古代统治者的文化遗产以供自己的利用。从这种意义上说，法家的武断政策就不尽适用了。贾谊论秦朝的灭亡原因道："仁义不施，而攻守之势异也。"（《过秦论》）这个攻守异势，我们可以说不仅是政治的，而且是社会的、文化的。秦朝正因为不知道形势的变化，一贯执行法家的政策，其结果不仅没有缓和了阶级矛盾，反而更促使阶级矛盾尖锐化，终于爆发为农民大起义。汉朝的统治者学乖了，虽然“以马上得天下”，却知道“不能以马上治天下”，知道“诗书”也有很大的用处。在这种时势推移下，为古代贵族文化保持者的儒家，居然又受到新统治者的垂青了。从春秋到汉武帝时代，这个社会上的大转变，是以氏族贵族统治的政权崩溃开始，而以新兴地主阶级统治的政权的胜利为终结，其在思想上的反映，则以百家争鸣始，而以儒术独尊终。儒家的思想在中国历史上常占统治地位不是偶然的，它是以贵族化了的地主统治作为支柱的。（恩格斯在《社会主义从空想到科学的发展》的英文版序文上，曾详细论证英国资产阶级怎样贵族化，以及法德两国的资产阶级怎样终于抛弃了自己的无神论，转而追随在他们的英国伙伴之后，皈依了宗教，给我们很大的启发，可以参考。）

除儒法两家外，在秦汉间占相当势力的还有道家和阴阳家。道家深明盛衰消长进退存亡之理，自有一套“君人南面之术”，所以新兴的统治者也用得着。特别是当各阶级经过残酷斗争之后，大家正好相安无事，来个休战，道家那种清静不扰的政策是很适合这种要求的。阴阳家本来是儒家的别派，是代表新贵族利益的学说，它和儒家合流而为统治者所采用，亦无足怪。周末显学到秦汉大一统以后消声匿迹的，除农家昙花一现外，还有墨家和名家。农家、墨家都是下层社会的代言者，和新兴地主统治阶级的利害根本相反，其不能得势是不难理解的。至于名家，是市民思想的反映，自周末以后，商业都市日渐繁荣，市民势力日渐增长。照这样说，名家似乎该继续发展了。然而事实上并不如此。秦汉以后，统治中国社会的是地主阶级，而并不是市民阶级。那班统治者虽然往往是“以末致富”（语见《史记·货殖列传》，意思是说从工商业上发财），但终究还是归到“用本守之”（本指农而言，意思是说发财了买田地，这是最可靠的老本）。中国商业资本的发展，只是搅乱了中国古老的自然经济，却并没有把这个社会推进到一个由市民统治的更高的历史阶段。因此，反映市民思想的名家学说，只能在摧毁旧贵族文化时显示其革命的破坏的作用，一旦地主阶级统治的局面确定后，这种破坏性的学说就难于存在了。总之，各学派盛衰消长之故，复杂微妙，而都和整个社会变迁有关系，好象历史上有一种自然的渗滤作用一样，并不是偶然的。

（二）诸子学说的蜕变与混合

如上节所述，先秦各学派在新社会局面下，有的兴盛了，有的衰微了。这还只是大略的说法。其实这些学派并不是简单地一兴而一衰，乃是适应着当时大一统的社会局面，各自蜕变其原形，而逐渐接近，逐渐混合起来了。我们知道先秦诸子主张都极鲜明，彼此尖锐地对立着。但经彼此摩荡的结果，各自的锋棱，各自的极端性，都逐渐磨掉，遂形成思想界的混一局面。首先由《吕氏春秋》作一次大综合。其后如司马谈《论六家要旨》，如《汉书·艺文志》，虽然它们也未尝没有自己的中心思想，但总都持一种调和折衷的态度。我们试把这几种著作的内容分析一下：

（1）《吕氏春秋》 这是由吕不韦集合众门客在整个计划下编制成的一大思想体系。书中对于各学派，兼容并包，斟酌去取。大体说来，吸取道家的自然主义，而并不绝礼弃学，主张法家的变法哲学，而并不反对仁义孝弟；于儒家取其修行，而不取其法古，于墨家取其节葬，而不取其偃兵；辟名家之“淫辞”，而仍时时称述其巧辩；用阴阳家“五德终始”之说，却未尝大作“怪迂”之谈；乃至宋牼、白圭等的学说，亦都各有所采摘。例如：《本生》《贵生》《情欲》等篇，分明是道家全性葆真、贵我贱物的学说，但是在《为欲》篇却又大讲不可以使民“无欲”，还要利用人的“欲”以行其赏罚而统治天下，这分明是法家的看法。至于象《察今》和《乐成》等篇的变法哲学，是极鲜明地站在法家方面，而反对儒家的泥古，可是《顺民》和《达郁》等篇的开明政策，却又极鲜明地站在儒家方面，而反对法家的专制。还有：既讲“重己”，又讲“爱类”，是一杨而一墨；既讲“节丧”，又讲“大乐”，是一墨而一儒。如此等等，不必缕举。总之，《吕氏春秋》对于先秦各学派，都有所取，亦都有所去。务求学说经一种“消毒”作用，互相调和，而与新社会秩序相适应，百家争鸣的局面从此告终了。

（2）《论六家要旨》与《汉书·艺文志》 这是总结批评先秦诸子最重要的两篇文章。《论六家要旨》作于儒术独尊以前，当时黄老思想正盛行。这篇文章虽然把阴阳、儒、墨、名、法、道德六家平列起来，而实以道家为中心。他说道家是“因阴阳之大顺，采儒墨之善，撮名法之要”，极口称赞，有褒无贬。至于对其他各家，则长处和短处都分别指示出来。表面上看，他批评各家，瑕瑜不相掩，似乎很公平。但实际上，他所指为某家的长处者，往往不是那一家的要义。例如他论墨家，单取一个“尚俭”，而称其长处为“强本节用”。至于“兼爱”“非攻”“尚贤”“尚同”等大义，则一概不提，这讲的算什么墨家呢？他论道家最精彩，但也不是全面地讲。如“绝仁弃义”一类话，他都撇开，反而说：“……然其序君臣父子之礼，列夫妇长幼之别，不可易也。”（《论儒家》）“……然其正君臣上下之分，不可改矣。”（《论法家》）分明接受儒法两家的主张，这就和原始道家“无亲戚君臣上下”者迥不相同了。由此可知，在《论六家要旨》中，不仅是拿道家折衷各家，却也拿各家来修正道家。它们是互相迁就，互相调和的。《汉书·艺文志》是儒术独尊后的作品，其批评各家全以儒家思想为标准。什么“此其所长也”，即因其合于儒家；什么“及放者为之”，“及刻者为之”，“及鄙者为之”……即因其不合于儒家，这样一来，各家的特色完全失掉，也就不成其为各家，而一概消纳在儒家中了。但是这样的儒家，毕竟已网开三面，对各家的残余显示其恢宏大度。最有意味的，《艺文志》和《论六家要旨》，虽然是一用儒家观点，一用道家观点，但两者之间，也并不见有什么根本冲突的地方。这也是当时各学派互相接近，互相调和的一种表现。

观以上所述，秦汉思想界大混合的形势可以概见。总而言之，先秦思想界的局面，既为当时社会条件所决定，那末，现在社会条件变动了，思想界的局面亦自当随之而变动。各学派有的销声匿迹，有的蜕变其形貌而与他派相混合，都和当时整个社会变迁、整个阶级结构有关系。单拿秦朝一把火，或者单就思想论思想，是解决不了这些问题的。

附　民族哲学杂话

本文所要讲的是民族哲学，只要某种学说在吾民族中很流行，为大家所熟闻乐道，我们就不妨谈谈。……

想怎么谈，就怎么谈，不拘什么形式。……

零金碎玉，俱见精光。

嵇文甫像，摄于 1958 年

楔子

在没有触到所要讲的各项问题本身以前，有几点须先交代明白：

第一，本文所用“哲学”一名，乃是就其最广泛的意义而言，并不一定照现在哲学课本上所用那样严格的狭义的界说。本来为“哲学”立界说是很不容易的。各时代、各学派，乃至各个哲学家，种种说法，至为纷歧。倘若一定说讲本体论的才算哲学，那末象实证派和实验派的学说将不得称为哲学了。倘若一定说讲认识论的才算哲学，那末在洛克、休谟以前可称为哲学的就太有限了。倘若一定说用严格的逻辑体系用科学分析方法所造成的才算哲学，那末象尼采、倭铿（又译作奥伊肯。——编者注）那班学者将被排在哲学界以外，而哲学领域所剩留的或者只有所谓新实在论了。固然，特意迁就某些学者，为他们在哲学上争取个地位，是大可不必的。学问领域至大，人又何必一定要当个哲学家呢？然而“名无固宜，约定俗成”。按照哲学的古义，本极广泛，凡是议论宇宙人生各种根本问题的都可包括在内。与其举一废百，何如兼容并包。立界说本不过一种方便，一经执着，反成固弊。许多争端，由此而起，我们也用不着为哲学严立界说，只需略具轮廓，使不致和宗教、艺术、科学过于混淆，就尽够了。见牛自知其为牛，见羊自知其为羊，而我们并没有立过牛羊的界说呀。

第二，本文所谓“民族哲学”，只是说这种哲学为吾民族安身立命之所在，大家都熟闻乐道，并不含中国高于一切，或只此一家别无分号的意思。世界至大，不才区区，所知有限。究竟我们先哲所说是世界上唯一的最好的呢，我不知道，或者世界上还有可以与我们先哲媲美，甚至超过我们的呢，我也不知道。我虽知道柏拉图，然而不如我知道孟子的透彻；我虽知道康德，然而不如我知道王阳明的亲切。我又怎么敢断定说他们如我们，或不如我们呢？如与不如，存而不论。然而吾民族哲学之为民族哲学自若也。还有一层，所谓民族哲学，不一定原来都是由吾民族所自造。纵然原为外来学说，但既已深入人心，与吾民族精神沦浃为一，欲分而无可分，那也就成了吾民族哲学之一部，如佛学就有这种情形。这纯是事实问题，分者不得不分，合者不得不合，并非要把民族哲学的范围扩张到无限大也。倘若有人说这所讲的不是民族哲学，我亦无所争辩，那就请你随便另换个名字好吧。

第三，本文取材，虽伪书亦所不避。“辨伪”是近年来中国学术界的重要工作。这种风气，当然很好。为着认识中国古代的真相，做一番清算工作，是绝对必要的。不过我们应该知道，书籍的真伪是一件事，而其在民族哲学历史传统中所起的作用另是一件事。譬如诸葛亮的《后出师表》，早有人证明其为赝品。然而“汉贼不两立，王业不偏安”，“鞠躬尽瘁，死而后已”，这种“片片从赤心中流出来”的名言大训，不知道博得多少人的眼泪。其所以激荡吾民族的心魂，而陶铸其坚贞的品德者，力量之大，实无可比拟。无论作品伪不伪，但其在民族思想中的影响，总是不可磨灭的。又如伪《古文尚书》，确乎是伪的了。然而要讲起在民族思想中的影响，实在比那二十八篇所谓《今文尚书》者，远为深刻而普遍。尤其是宋以后的道学家，从伪《古文尚书》中挹取的东西实在太多了。对于一部书，我们不能因其在历史上曾发生影响，就一定要辩护其不伪；同样，也不能因其伪就抹杀其在历史上的影响。我们就把那些伪书当作“演义”看待吧，“演义”也会发生影响的。譬如《三国演义》，其影响还了得！本文所要讲的是民族哲学，只要某种学说在吾民族中很流行，为大家所熟闻乐道，我们就不妨谈谈。至于那学说出自真书或伪书，我们虽也不妨顺便考证一下，但对于我们的主题是没有多大关系的。书虽伪，但其在历史上的影响却不伪，却是一件事实。研究西洋思想的，不因怀疑荷马而不读他的史诗，不因怀疑耶稣而不读《圣经》。我们又何必固执呢？

第四，本文是一种“随笔”，想怎么谈，就怎么谈，不拘什么形式。我之所以要这样写法，固然是讨便宜，固然也因为自己没有系统思想，不会写大著作，然而也还另有一点意思。近来我觉得这种随笔体颇有一些好处：自抒心得，剪除浮辞，一也；不拘格套，自然成文，二也；取材多方，不至枯燥，三也；既备大著，复自成体，四也；省时省力，可合可分，五也。系统大著，一生中能有几部？有些材料，既不适于写成大著，弃之又复可惜。零金碎玉，俱见精光。亦何妨随时写出，借以自课乎？古人学问，往往于笔记中见之。如顾氏《日知录》，陈氏《读书记》，皆特意采用笔记体裁，精心撰述，遂成名著。若所谓《油炸鬼之研究》《屁之分析》一类大著，纵使有首有尾，纲举目张，亦只好请到字纸篓中去了。话虽如此，我究竟有点“取巧”或“藏拙”。

不立界说，不辨真伪，不拘体裁，此之谓“杂话”而已矣。

一、中

曾经有个时候，国内论坛上讳“中”。从这些人看来，所谓“中”，乃是模棱妥协不彻底之别名。假如说某人不左不右而自处于“中”，这里面是含有嘲笑意味的。其实这是错了。就一般形式而言，就抽象的意义而言，“中”是不容反对的。因为“中”者，无过不及，恰到好处之谓。也许所谓“中”者非真“中”，那是另一个问题。可是既然承认其真为“中”了，而却又加以反对，这无异乎主张“过”或“不及”而后可。一面说是“过”或“不及”了，而一面却说这是对的，一面说是“恰到好处”了，一面却又说这是不对的。岂非自相矛盾？“中”者，中去声也。“中肯”，“中的”，“中理”。假若反对“中”，是以“不中肯”，“不中的”，“不中理”立教也。是恶乎可！现在有反左倾，反右倾，而作“两线斗争”的，难道不是自处于“中道”么？

本来“中”字早就有误解的，如子莫“执中”，就是一个。孟子说：“杨子为我……墨子兼爱……子莫执中。执中无权，犹执一也。所恶于执一者，为其贼道也，举一而废百也。”杨子太为己了，墨子太为人了，子莫于是站在中间，取半截杨子，半截墨子，既不彻底兼爱，也不彻底为我；似杨似墨，非杨非墨，调和融会，也似乎很得“中道”之妙了。然而“中”之为人所诟病，正由于此。“中”是不可“无权”的，不可“执一”的，不可“举一而废百”的。所以说“君子而时中”。随时处中，无一定形体方所可拘。当兼爱时，则兼爱即“中”；当为我时，则为我即“中”。“两极”皆“中”。“中”不一定在中间也。王船山说：“此一中字，如俗所言中用之中。道当如是行，便极力与他如是行。斯曰中行。”（《读四书大全说》卷六）又说：“圣人居上不骄，在下不忧。方必至方，圆必至圆。当方而方，则必不圆；当圆而圆，则必不方。故曰规矩方圆之至，圣人人伦之至也。”（《读四书大全说》卷九）这才是“中”的真义。正因为如此，所以“中道”很难。“道之不明也，我知之矣！知者过之，愚者不及焉。道之不行也，我知之矣！贤者过之，不肖者不及焉。”不是“过”，便是“不及”，最难得的是“中”，“天下国家可均也，爵禄可辞也，白刃可蹈也，中庸不可能也”。只要死走一条路都好办。就如“蹈白刃”，古今中外能做到的实在太多了。然而“可以死，可以勿死，死伤勇”。蹈白刃还要蹈得恰好。这就不能轻易许人了。若是照子莫执中的办法，倒很容易。这个半斤，那个八两，不分原被告，含糊了事，这种调和派或折衷派的惯技谁不会。然而“中道”不能这样廉价出售。

正因为“中道”难得，怕有假冒，所以孔子早就预防道：“不得中行而与之，必也狂狷乎！狂者进取，狷者有所不为也。”又说：“乡愿，德之贼也。”“乡愿”不“狂”，不“狷”，最近于“中行”。但“似是而非”，孔子恐其“乱德”，所以特别痛恨这种人。孔子最理想的当然是“中行”之士。不得已而求其次，则宁取狂狷，而决不要乡愿。因狂狷犹可引而进之于中行，而乡愿终“不可与入尧舜之道”也。关于这一层，孟子讲得最透彻，后来阳明、龙溪诸大师对此更极力推阐。反对假中行，正所以维护真中行，我们不可因噎废食。

我们先哲最富有生活的智慧和艺术，其奥妙处就在这个“中”字，一部《中庸》专言“中”，一部《易经》讲“中”的触目皆是。至于“太极”，“皇极”……都与“中”有关。而且不仅儒书，即佛道两宗，讲到竟究处，亦往往归着在“中”字上。如《庄子·齐物论》中所讲“天钧”“道枢”“环中”“两行”诸义，都是“中道”的妙谛。又如天台宗，乃中国人自创的佛教，其“一心三谛”之说，亦归着于“中”字。智者大师云：“破一切惑，莫盛乎察；建一切法，莫盛乎假；究一切性，莫大乎中。”（《传灯录》卷二十七）固然它们的“中”不见得和儒家相合，然而亦可见这个“中”字是究竟话头，尽你讲得极高妙，亦不能超过它了。

二、仁

假如要我用一个字标出孔子的教义，我将毫不迟疑地以“仁”字为教。《吕氏春秋·不二篇》称“孔子贵仁”，极为恰当。据阮文达公统计，《论语》中“仁”字百有五，而讲“仁”的五十八章。由此可见“仁”字在孔子学说中的重要地位。什么是“仁”？古往今来有许多说法，这里也无须繁征博引。照我的意思，“仁”只是一种恳恻不容已的心情而已。这个说法，我持之多年，而最初实由读《阳明集》启示出来。阳明在其与聂文蔚第二书中，曾用“真诚恻怛”四字讲“良知”，我认为最亲切。因之就联想到倘若移此四字去讲孔子所谓“仁”，岂不更妙？恰好《中庸》上有“肫肫其仁”一句话，用“肫肫”二字形容“仁”，和“真诚恻怛”的意味正相合。因此我就杜撰出“恳恻不容已的心情”这个说法，用以解释：“殷有三仁”，“力行近乎仁”，“仁者其言也讱”，“巧言令色鲜矣仁”……到处贯通。后来，看到陈兰甫《东塾读书记》中讲“仁”的一段，竟几乎和我所讲的如出一口，这更增加我的自信。近来从《阳明集》中又遇到一段：“吾平生讲学，只是致良知三字。仁，人心也，良知之诚爱恻怛处便是仁。无诚爱恻怛之心，亦无良知可致矣。”（《寄正宪男手墨》）这不仅证明我当初用阳明讲“良知”的话转讲“仁”字正合阳明本意，而阳明所以遇孔子于旦暮之间者，亦可于此处窥其消息了。

孔子是一位人文主义者。他既不上僭于天，亦不下夷于物，而只是就人论人，“仁，人也”，“仁，人心也”，人之所以为人，人道所当然，人心所不容已，这就是我谓“仁”。王船山解释《孟子》道“直以仁为人心，而殊之于物之心”（《读四书大全说》卷十），可谓一语破的。凭着这点子“仁”，这点子“良心”，这点子“真诚恻怛”，万善百行都推演出来。直抵本源，当下具足。既不涉于天堂地狱之幽渺，又不拘于谋利计功之俾近。正大而亲切，最足见孔学之精粹。以此为基点而展开一套哲学体系，则不离心而言物，不离行而言知，不离人生而言宇宙，遂成为吾民族之一种特殊传统。这是很值得玩味的。

从儒家丧祭理论中，最足以见其人文主义的精神。关于这一层，在我的几种旧著中屡有说明，这里不愿重述。我现在只指出，这点人文主义的精神，这个“仁”字，的确是孔子的一种特殊贡献。其所以把许多原始时代的遗迹加以合理化，赋予新意义，新解释，而很巧妙地把古代文化遗产承受下来者在此，其所以独别于各宗各派者亦在此。“人而不仁，如礼何！人而不仁，如乐何！”“礼”是从古传下来的。但把“仁”字当作“礼之本”，在各种“礼”中都贯注以人文主义的精神，却是孔子所特创的。如八蜡之祭，分明是一种拜物教的遗迹。然而孔子却根据“使之必报之”的大义，而云：“蜡之祭，下及昆虫草木，仁之至，义之尽也。”（《礼记·郊特性》）可谓点铁成金。张横渠说：“礼仪三百，威仪三千，无一事而非仁也。”（《正蒙·天道》）这句话最能道出孔学深旨。顾亭林《日知录》中有“肫肫其仁”一条，正可作为这句话的具体注脚。试根据这个要点，就各种问题和道墨名法阴阳诸家作一比较研究，当更觉这个“仁”字其妙无穷，这里姑不具论。总之，人只是人，不是神，不是兽。而人之所以为人者就在这个“仁”字，所要“依于仁”，这就是一切了。

三、诚

这是三十年前的事了。那时候我还在中学上学，有一位基督教会的朋友偶尔和我谈到孔子学说的中心观念，他拈出一个“仁”字，而我却主张一个“诚”字，因为“仁”字和他们的“博爱”教义相类，而我那时候正读周濂溪的《通书》，特别重视“诚”字，各就自己的观点立论也。现在想来，有些好笑。就看上节，用“真诚恻怛”四字讲“仁”，可知“仁”和“诚”在实际上是一而二，二而一，不能截然分开。如果各自孤立地去讲，那么“仁”也将不成其为“仁”，“诚”也将不成其为“诚”了。大概先哲讲学，最重亲切体验，具体认识。会得彻时，纵说横说，无非这些字。什么“性”啦，“天”啦，“中”啦，“仁”啦，“诚”啦，虽然各有取义，各从一方面立说，而精神、脉络，实自贯通。倘若咬文嚼字，泥守训诂家的方法，而不能观其会通，“心知其意”，那么到处都将成为断港绝潢。象我们那样讲“仁”和“诚”，这是一个例子。

记得二十五年前，我还在北大上学的时候，有一次课堂上马夷初先生提出墨子兼爱和孔子所谓仁何以不同的问题。我回答道：“孟子辟告子义外之说。若墨子的兼爱，正可谓之仁外了。”先生首肯。大概一般讲“兼爱”或“博爱”的都是从人群利害的计较上出发，着眼在范围的广大，是从外面生做起来的。但孔子所谓“仁”，却是内发的，是从性命本源自然流出来的。所以说：“孝弟为仁之本”，“仁之实事亲是也”。专从人情最诚挚最“真诚恻怛”处讲“仁”。子贡以“博施济众”为“仁”，孔子不以为然，而告以“己欲立而立人，己欲达而达人，能近取譬，可谓仁之方也矣”。他讲“仁之方”，总要从“近”处起。他要的是真情至性，至于范围大小，“兼”不“兼”，“博”不“博”，那倒是还在其次的。“源泉混混，不舍昼夜，盈科而后进，放乎四海，有本者如是。”这样从根本上自然发展成长起来，是儒家讲“仁”最特异的地方。可是也正因为这样，所以“仁”和“诚”分不开，孟子说：“万物皆备于我矣，反身而诚，义莫大焉。强恕而行，求仁莫近焉。”这是讲“恕”呢？“诚”呢？浑然一片！由此可知《中庸》上大讲“诚”

字，正是子思善于发挥乃祖教义处。此处看不透，孔家哲学简直就不能谈了。

本来在子思以前，讲“诚”字的很少，偶然讲到，也很朴素，不过一种普通德性，所谓“诚信”或“诚实”罢了。到子思手里，却把它提升到最高地位，当作自己学说中的一个最高概念。所谓“惟天下至诚，为能尽其性”，以至于“尽人之性”，“尽物之性”，“参天地，赞化育”；所谓“诚者天之道也，诚之者人之道也”；所谓“至诚如神”，“至诚无息”。这比起孔子“仁”的观念，实更是扩大而深化了。及周濂溪作《通书》，简直拿“诚”字代表“太极”，更富有玄学的意味。后来这种观念普遍流行于学界。直到明清间诸大师，如刘蕺山、孙夏峰等，都提出“慎独”作诀窍，集中力量于“诚”一关，而这个“诚”字几乎成为道学界的单传秘授了。

究竟什么是“诚”？就字义讲，“诚”只是“真实无妄”的意思。实情，实理，实事，实物，一真一切真，实实在在的宇宙，实实在在的人生，此之谓“诚”。“诚”的反面，是虚幻，是杂霸。儒者的“唯诚论”，是从和各种“虚无主义”及“机会主义”的斗争中发展起来的。自庄列的梦幻人世，释氏的方法唯心，以至所有各色各样的怀疑论、诡辩论，一切不承认宇宙人生是非善恶的实有性者，都可归之于“虚无主义”。自霸者假仁假义，乡愿的同流合污，以至苏张申韩，所有一切乘时侥幸，偷取功名者，都可归之于“机会主义”。用顾泾阳的说法，前者只成就一个“空”字，后者只成就一个“混”字；而且此两者往往合而为一，以“空”为体，以“混”为用。总而言之，不“诚”而已。一个“诚”字，两头开刀，高不入于“空”，卑不流于“混”。这才是儒者大中至正之道。假若不是这样，则“牛生马，桃本而李花”，天不成其为天，地不成其为地，是非善恶，纷然无辨，真所谓“不诚无物”，还成个什么世界呢？

“虚无主义”和“机会主义”虽同是不“诚”，但因为前者所托较高，常被取为后者的理论基础，故儒者在理论方面，攻击“虚无主义”为尤甚。顾泾阳谓：“周元公不辟佛，但其书字字辟佛可也。”濂溪的书何以字字与佛相反？即因其整个理论系统建立在“诚”字上，处处和佛家之一切皆空者不能相容也。在与“虚无主义”对立的理论中，还有个“有”字，比“诚”字用得更普遍。“有”者，实有也，亦即“诚”也。当魏晋时代，“虚无主义”最为流行。裴頠即作《崇有论》以反对之，张横渠以为到处都是“有”，而并没有“无”，以为圣人只言“幽明之故”，而不言“有无之故”。他说：“大易不言有无，言有无诸子之题也。”这类反虚无主义的话，在《正蒙》中讲得很多，和“唯诚论”的精神完全是一贯的。

四、理气

理气问题是道学家的一个基本问题，好几年以前，我就想写一本《理气论小史》，但终于没有实现，而只写成几篇短文。从冯芝生先生的《新理学》出版以后，这个问题乃又有了新意义，引起一般人的注意。我曾把那本书仔细读过，并曾用一种概括似的文句将全书大旨括为下列一段话：

> 爰有“大物”，厥名曰“天”，爰有“大事”，厥名曰“道”。此物此事，有“理”有“气”。“理”见乎“气”，“气”循乎“理”。理气妙合，斯成“实际”。“无名”“有名”，“无极”“太极”。“玄之又玄”，要在一“而”。“而”为政教，“而”为学艺。从“真”到“实”，有待乎“势”。旷观“大全”，“无字天书”。“本然办法”，“本然样子”。“穷理”“尽

性”，“大仁”“大智”。“我心天心”，“优入圣域”。

假如没有读过冯先生那本书，看这段话怕要觉着莫名其妙吧。其实这里面的中心问题，仍只是一个理气问题。在亚里士多德哲学中，有所谓FORM和MATTER。前者即类乎此所谓“理”，后者即类乎此所谓“气”。“理”和“气”在实际上本是不能相离的。然而你如果抽象地、纯逻辑地分析起来，却又“气”只是“气”，“理”只是“理”，不能混而为一。哲学家中，有偏重实际事物的，有偏重抽象概念的。换句话说，有偏重“实”的，有偏重“名”的。于是乎形成各种对立的理论体系。如中国先秦诸子中，只有名家重在“名”，其余儒、墨、道、法各家都重在“实”。荀子批评名家道：“惠子蔽于辞而不知实。”这不仅足以代表儒家的意见，试看《墨经》中关于坚白问题的见解，《韩非子》中曾说白马过关的故事，《庄子》中许多批评惠施、公孙龙的地方，都可与此意相通。总而言之，他们都是以为名家专重“辞”，专重“名”，专重抽象的概念，而太不着实际了。然而如果名家来个反唇相讥，也未尝不可说他们是“蔽于实而不知辞”，因为他们都缺乏纯逻辑兴趣的。在欧洲中世纪经院哲学中，有所谓“实在论”和“唯名论”的对立。前者偏重概念，偏重“共相”；后者偏重事物，偏重“个体”。前者把“共相”看作实在的，而“个体”仅为其种种不完全的程度不等的差别表现，后者则认为实在的只有“个体”，而所谓“共相”不过是把具体事物加以抽象分析后所赋予的一种空名而已。

宋明以后，中国思想界有“理气二元论”和“反理气二元论”的对立，其性质与“实在论”和“唯名论”的对立颇有些相似。朱子是“理气二元论”的代表人物，特别表扬“理”的客观性和绝对性。在冯先生的《新理学》中，这种学说得到新发展，成为一种现代化的新理论体系了。然而在当时反对朱子的有陆学和浙学。陆学不离“心”而言“理”，浙学不离“事”而言“理”，都和“理气二元论”正相对立。及明朝中叶以后，“反理气二元论”的旗帜更明显展开了。如刘蕺山、黄梨洲、颜习斋、李恕谷，直至戴东原，都是“反理气二元论”者最明显的代表。如梨洲说：“天地之间，只有气，更无理。所谓理者，以气自有条理，故为之名耳。”显然带“唯名论”的色彩。从各方面看来，“理气二元论”近乎“实在论”，“反理气二元论”近乎“唯名论”。就历史发展的趋势说，从“理气二元论”到“反理气二元论”，乃是从“超现实主义”到“现实主义”的转变，和从“实在论”到“唯名论”也很有些相似。按常识讲，按一般人“现实主义”的自然倾向讲，很容易接受“反理气二元论”的见解。然而在纯逻辑的立场上，“理气二元论”亦自有其不可动摇的阵地。假如互相责难的话，“理气二元论”固然可以被斥为不切实际，然而他们也尽可以反驳道：“哲学”原来就不是讲“实际”，而是专讲“真际”的，你们尽管讲你们的“实际”好了，却不必来过问“哲学”。冯先生讲王霸问题时，曾说是有“道德的本然办法”，有“功利的本然办法”。我现在想起援此为例，说“真际”中原有此两种“本然系统”“本然命题”，一重在“实”，一重在“名”，“道并行而不相悖”，或亦为冯先生所许可吧。

从“理”和“气”的问题，推演出“理”和“心”及“理”和“事”的问题；又推演出“理”和“情”，“理”和“欲”，及“理”和“势”的问题。对于这一系列问题，“理气二元论”者多予以二元的解释，“反理气二元论”者多予以一元的解释。中国近七八百年来的思想史，大概都是由这两个潮流的错综交织而成。其能以解两方之纷，讲得最圆融者，我以为要推王船山。以船山哲学为基础，可以展开一个新理论体系。我从前写一本《船山哲学》，仅仅略引一点端绪，很希望有人作进一步的研究。

五、天人

我们先哲讲学问到极高深处，往往说“学究天人”，“通天人之故”，犹现在我们常讲宇宙观和人生观也。他们有偏重“天”的，如道家的自然主义是。有偏重“人”的，如儒家的人文主义是。

道家看“人”和“天”是相反的，凡天然的都好，凡人为的都不好。所以他们要“独与天地精神相往来”，要“人貌而天行”，要“有人之形，无人之情”，要如婴儿，如虚舟，如飘瓦。总而言之，把人变得和自然物一样。那就是所谓“天人”了。人而成为“天人”，那就与“天”合一，再不是渺小的一个“人”了。因此他们的功夫，是一个“损”字诀，“损之又损，以至于无为”；是一个“忘”字诀，“忘仁义”“忘礼乐”，以至于“坐忘”。什么都“损”完了，“忘”完了，“无知无欲”，“然独以其形立，此之谓混沌”。

儒家看“人”和“天”是相成的，“天”开其先，而“人”因以完成某种目的。他们一方面认为“天道远，人道迩”，“不与天争职”，一方面却又“穷理尽性”，以“参天地，赞化育”，“天道无心而成化”，“天”是无“心”的。然而“人者，天地之心”，人心即天心，所以我们要“为天地立心”。“人受天地之中以生”，此人之所以为人者，出发点在此，归宿点亦在此，由此而生，亦为此而生。换句话说，“天”者，“人”之根源，亦即“人”之理想。故尽人事即所以顺天命，不必亦不能于“人”外求“天”也。

“天人合一”是修养上的一种理想境地，儒道两家皆悬此鹄的。然而道家乃灭人以全天，是趋向消极方面；儒家乃尽人以合天，是趋向积极方面。前者清归自然，正是自然主义的本色；后者即人见天，也正是人文主义的本色。荀子批评道家：“庄子蔽于天而不知人。”又说：“由天谓之道，尽因矣。”道家一味因之，其结果违反了人道，因之也就不合乎天道，他们看不起“人”，然而终究还只是个“人”，而不是个“天”。他们只能成个终日“大天而思之”，“从天而颂之”的“天”的崇拜者罢了。儒家自安于“人”的本分，只尽其人道，尽其人之所以为人者，亦即是尽其所受于天者。他们不强学天而正合乎天道，与道家要学而反远乎天道者，恰成一个巧妙的对照。

六、义命

命运之说，在中国可算是深入人心。就古代各家学派讲，墨家法家不信命，而儒道两家都是信命的。但儒与道又自不同。道家崇拜自然，反对一切人为，完全听受命运的支配，可算是极端的定命论者。然而这里面似乎有一点矛盾，因为既是命运决定一切，那么所有“人为”亦皆当受其决定，殊无自由活动之余地；但假如人类根本没有一点活动的自由，他又如何能破坏“自然”，而需要加以反对呢？一方面把人看得非常渺小，离不开“自然”的如来手心，一方面却又要课以破坏“自然”的大罪，这能讲得通么？儒家就不是这样说法。它讲个“命”，又讲个“义”。看似对立，实则一贯。既彻底，又圆融。我们且就这方面一探其奥妙罢。

“义”是什么？简单说“义”就是人道所当为，是人之本分，人之天职。“命”是什么？董仲舒说：“命者，天之令也。”“天”自然不会谆谆然下命令。所以孟子说：“莫之为而为者天也，莫之致而至者命也。”非人所为，非人所致，只好归之于天命。照这样说，“义”是属于“人”的，“命”是不属于“人”的。宇宙间事，有属于“人”的，有不属于“人”的，本是自然之理，可并行不悖。然而就表面看，“天”与“人”，“命”与“义”，正相对立，岂不带点二元论色彩么？其实“义”对于“命”，由于“天”。“天命之谓性”，“义”正是人之“性”，而非外铄。“性”既由于天命，那也就是“义”由于天命了。正因如此，故“存心养性”，即所以“事天”；“穷理尽性”，即可以“至于命”。在这个意义上，“性”和“命”，也就是“义”和“命”，一脉贯通。所谓“义命合一存乎理”，盖“天”亦此“理”，“命”亦此“理”，“性”亦此“理”也。人的“性”，人之所以为人，是天“命”给我们的。在这个范围内，我们有相当自由。好象政府把命令交给我们，同时授权于我们，让我们自由执行。在这个范围内，我们人要自负其责，而不能诿责于天。这就是人的天职，人的本分，这就是所谓“义”。然而人无论怎样自尽其“义”，也仍是执行的命令，执行“天之所以与我者”，并不能说与“命”无关。越能自尽其“义”，也就是越能执行天之“命”。在这个范围内，“命”和“义”完全是一致的。

然而“命”大而“性”小，“性”由于“命”，而并不能说凡“命”皆“性”。有“命”于“人”的，有命于“物”的；有“义理之命”，有“节遇之命”。换句话说，有与“义”合一之“命”，有出乎“义”以外之“命”；有交给“人”自负其责之“命”，有非“人”所能干涉之“命”，这是应该分别清楚的。孟子说：“求则得之，舍得失之，是求有益于得也，求在我者也。”这属于“义”，也就是属于“人”应自负其责的“命”。又说：“求之有道，得之有命，是求无益于得也，求在外者也。”这属于“命”，也就是属于“人”所不能干涉的“命”。《孟子》另一章道：“莫非命也，顺受其正。是故知命者不立乎岩墙之下。尽其道而死者，正命也；桎梏死者，非正命也。”“命”之本义为“莫之致而至”。如果还没有自尽其道，自尽其“义”，便不能算是“莫之致”，因之也就不能算是“正命”。“正命”者，真真正正的命之谓也。前言“天命之谓性”，是“义理的命”，“义”即是“命”。此处所言却是“节遇的命”，“义”尽方可归到“命”上。总而言之，儒家从“义”上讲“命”，从“人”上讲“天”，其理论实较道家坚实有力，自成一个系统。王船山说：“至大而无区畛，至节而无委曲，至常而无推移者，命也。而人恶乎与之？天之命草木而为堇毒，自有必不可无堇毒者存，而吾恶乎知之？天之命虫鱼而为蛇鳄，自有必不可无蛇鳄者存，而吾恶乎知之？弗能知之，则亦恶乎与之？天之所有，非物之所欲；物之所有，非己之所欲久矣。惟圣人为能达无穷之化。天之通之，非以通己也；天之塞之，非以塞己也。通有塞，塞有通，命圆而不滞，以听人之自尽，皆顺受也。明君以尽其仁，无往而不得仁；哲相以尽其忠，无往而不得忠。天无穷，圣人不自穷，则与天而无穷。天不测，圣人无所测，则物莫能测。外不待无强敌，内不待无盗贼，廷不待无顽谗，野不待无奸宄，岁不待无水旱，国不待无贫寡，身不待无灾疾。不造有而使无，不造无而使有。无者自无，而吾自无。于物无所觊，于天无所求，无所觊者无所挠，无所逐者无所逆。是以危而安，亡而存。危而造安，故不危；亡不造存，故不亡，皆顺受也。奚造哉？”（《君相可以造命论》）这段话把“义”和“命”的问题讲得最圆满透澈。假如从此处出发，深刻研究下去，也许对于目前哲学界所谓“自由与必然”一类问题要别有会心罢。

七、常变

一谈常变问题，就想到“易”。我们知道“易”本来是为卜筮而作，但经后来许多学者的推阐发挥，不仅“占易”，而且要“学易”，要“见易”，于是乎形成一种极渊奥的“易学”。这种“易学”在我们民族思想中发生深刻的影响，不论其原始面目究竟如何，总是值得注意的。照通常字义讲，“易”有“变易”的意思。“易经”者，变经也。有这样一部专讲宇宙间各种变化的“变经”也就很够玩味了。而这部“变经”的讲“变”，又真算高明。照郑康成的解释：“易一名而含三义：简易一也，变易二也，不易三也。”此说本出自《易纬乾凿度》，不见得就是“易”的本解，但用以讲常变问题，真是再好没有。“简易”一义，不在本节范围内，我们就“变易”和“不易”二义稍说几句罢。

《易·系辞》说：“易之为书也不可远，其为道也屡迁。变动不居，周流六虚。上下无常，刚柔相易。不可为典要，惟变所适。”这段话也许是专就占卜上，象数上，错综变化而言。但至少可以给我们一种暗示，“易”确乎含有“变易”之义，《易经》确乎是一部讲变化的书。然而变化是有法则的。“变易”之中，自有“不易”。知“不易”而不知“变易”，则陷于机械论；知“变易”而不知“不易”，则陷于诡辩论或怀疑论。六十四卦，三百八十四爻，因时因位，多少变化，而当其时，当其位者，又各有其“不易”之则。“变易”而“不易”，“不易”而“变易”，看是多么巧妙呵！

关于“变易”和“不易”，“常”和“变”的问题，王船山论得最精。他在《诗广传》中说：“莫变非时，莫贞非是。非时以为贞，则天下亦安足纪哉？……夫至于时而可以贞矣。惊时之变，而不据以为贞，将天下终无吉凶得失是非逆顺合离之十纪，而变亦不足以立。又从而为之辞曰：之十纪者，非天下之固有，而可不设于心者也。《云门》《韶濩》之音，飨爰居于鲁门，而悲鸣去之，耳无适声矣。王之嫱，西之施，鱼见之而潜，鸟见之而飞，目无适色矣。即且甘带，鼠食巴菽而肥，蝉不饮，而蝉以饮饱，口无适味矣。蛙畏牡菊之熏，刍豢趋不洁而如椒桂，鼻无适臭矣。桀非尧之所是，鸟反哺以为慈，枭以不尽食其父母为不孝，心无适贤矣。唐虞之所赏，嬴秦之所诛，汉晋之所崇，怀葛之所怪。时者，不足纪者也。而亦恶用纪之为？呜呼！为此说者，知时之变，而不知变之贞，以召疑憎于人也有余，而况上帝哉？当其未为人，不知畏死矣，当其既为人，不知畏不死矣。当其未饥，视炊者之何疾矣，当其已饥，恐炊者之不疾矣。必欲去其贞，因而时之变，则胡弗死耶？胡弗勿炊耶？是知时者，日新而不失其素者也。……易之时六十有四，时之变三百八十有四，变之时四千八十有六，皆以贞纪者也。故曰：'易简而天下之理得矣。'"（《诗广传·上雅十九》）"象"而有其"贞"，亦即"变"而有其"常"有其"不易"。"无适声"，"无适色"云云，是古今中外多少怀疑论、相对论或诡辩论者常有的论调。他们都是"知时之变，而不知变之贞"，不知"变易"中自有"不易"。"人食刍豢，麋鹿食荐，即且甘带，鸱枭嗜鼠"，这是"变"，却也就是"常"；是"相对"的，却也正是"绝对"的。不然鸱枭何以不食刍豢？而人何以不食腐鼠？食刍豢者总是食刍豢，食腐鼠者总是食腐鼠，这岂不是"常"？即"变"，即"常"；即"相对"，即"绝对"，而且离了这一切"变"亦别无所谓"常"，离了这一切"相对"亦别无所谓"绝对"。"常"不离"变"，无"变"非"常"。这是常变问题最圆融的解释。

讲到这里，使我们又联想到“时中”。随“时”而各有其“中”，这是最“常”而又最“变”，最“变易”而又最“不易”的。求时时变易的不易之“中”，是儒者“精义”之学，也正是“易学”的奥妙。船山在《周易大象解》的序上说：“天下无穷之变，阴阳杂用之几，察乎至小至险至逆，而皆天道之所必察。苟精其义，穷其理，但为一阴一阳所继而成象者，君子无不可用之以为静存动察修己治人拨乱反正之道。故‘否’而可以俭德避难，‘剥’而可以厚下安宅，‘归妹’而可以永终不敝，‘姤’而可以使命诰四方。略其德之凶危，而反诸诚之通复，则统天地雷风电木火日月山泽已成之法象，而体其各得之常。故‘乾’大矣，而但法其行；‘坤’至矣，而但效其势。分审于六十四象之性情，以求其功效，乃以精义入神，而随时处中，天无不可学，物无不可用，事无不可为。循是以上达，则圣人耳顺从心之德也。”从那纷纭变化的每一卦每一爻中，从各别的“时”和“位”中，求其“义”，求其“理”，求其“贞”，求其“常”，以随时处“中”，这样讲“易学”，才真是儒者大中至正之道。在《读四书大全说》中，船山亦云：“程子以孔子为乘田则为，为司寇则为，孟子必须得宾师之位，定孔孟差等。如此说道理，是将孔子竟作释氏一乘圆教四无碍看。圣人精义入神，特人不易知尔。岂确有于此亦可，于彼亦可，大小方圆，和光同尘之道哉？孟子曰：孔子圣之时，与易六位时成之义同。岂如世俗之所谓合时者耶？春夏秋冬，固无一定之寒暑温凉；而方其春则更不带些秋气，方其夏则了了与冬悬隔。其不定者，皆一定者也。圣贤有必同之心理，斯有可同之道法。其不同者，时位而已。一部《周易》，许多变易处，只在时位上分别；到正中，正当，以亨吉而无咎，则同也。”所谓“孔子圣之时”，必须这样讲才妥当。不然，高则为佛老，卑则为乡愿，与世浮沉，“泛兮其可左右”，和时中之道实有毫发千里之辨。“其不定者，皆一定者也。”这真是绝妙的“易学”，绝妙的常变论。

八、一多

不管佛书中的一多问题究竟怎样讲法，在传统的儒学中亦自有一多问题的。《易·系辞》："同归而殊涂，一致而百虑。"其同归而一致者，"一"也；殊涂而百虑者，"多"也。"多学而识"，"多"也；"一以贯之"，"一"也。"博文"，"多"也；"约礼"，"一"也。"小德川流"，"多"也；"大德敦化"，"一"也。俗儒专务博闻强识，见"多"而不见"一"。禅家却又想离开"多"，一超直入地，找出个"一"来。其实"多"不离"一"，"一"不离"多"；万殊而一本，一本而万殊。如艺术上所谓"多样的统一"者，才是正当看法。宋儒有"理一分殊"之说，正为反对悬空求"一"而发。朱子常引李延平的话："理不患其不一，所难者分殊耳。"所以他后来教人，强调"分殊"方面，不喜"笼统宏阔"之言。他要"铢铢而称之，至乎钧而必合；寸寸而度之，至于大而不差”。这种“就实入细”的功夫，实是为现在一班好讲空洞原则者的针砭。朱学家反对陆王派趋捷径，说他们近“禅”，其理论根据也就在这个地方。

“一”与“多”的问题，又可归纳为“一”与“两”的问题。因为万象虽“多”，而皆有对，可以名之为“两”。程明道说：“天地万物之理，无独必有对，皆自然而然，非有安排也。每中夜以思，不知手之舞之，足之蹈之也。”他看万物都是两两相对，领悟出一种自然的妙境。张横渠也说：“万物虽多，其实一物，无无阴阳者。以是知天地变化，二端而已。”这也是把万物归纳为“两”。横渠更特别提出“一”和“两”的关系道：“两不立则一不可见，一不可见则两之用息。两体者，虚实也，动静也，聚散也，清浊也，其究一而已。”实体本“一”，其表现则为“两”。“两”者，“一”之“两”，似“两”而实“一”也。然“一”不可见，凡可见的都是“两”，离“两”亦无所谓“一”也，因此讲“一”的往往只从“两”上讲。如上面所引明道的话，表面上虽是指点出一个两两相对的现象世界，但其意中实影射一个无对的实体，“引而不发，跃如也”。横渠既特别强调这个“两”字，而且更切实地说：“有象斯有对，对必反其为，有反斯有仇，仇必和而解。”这简直是讲正一反一合了。

这个道理，船山更用来谈《易》，非常微妙。他说：“凡言位者，必有中焉，而易无中。三之上，四之下，无位也。凡言中者，必一中焉，而易两中。贞之二，悔之五，皆中也。无中者散以无纪，而易有纪。两中者歧而不纯，而易固存。……故易立于偶，以显无中之妙，以著一实之理，而践其皆备者也。一中者不易，两中者易。变而不失其常之谓常，变而失其常非常矣。故曰：执中无权，犹执一也。中立于两，一无可执。于彼于此，道义之门。三年之哭无绝声，哀亦一中矣。燕射之终无�童爵，乐亦一中矣。春补秋助而国不贫，恩亦一中矣。衅社孥戮而民不叛，威亦一中矣。父师奴，少师死，俱为仁人；伯夷饿，太公封，俱为大老，同其时而异其用，生死进退而各一中矣。则极致其一而皆中也。其不然者，移哀之半，节乐之全，损恩之多，补威之少，置身于可生可死之中，应世以若进若退之道；乃华士所以逃讥，而见一无两，可其可而不可其不可，畸所重而忘其交重；则硁硁之小人所以自棘其心也。一事之极致，一物之情状，固有两途以合中，迹有异而功无殊。而中者，尽事物而贞其至变者也。故合体天地之撰而用其盈，则中之位不立；辨悉乾坤之德而各极其致，则中之位可并建而惟所择。故曰：三才之道，大全统乎一端，而一端领乎大全也。”（《周易外传》

卷六）这段话自然只能算船山自己的一套“易学”，不见得当初画卦就有此意。然而道理讲得真精彩，时中之义可算是发挥尽致了。每一卦六爻，上三爻以第五爻为“中”，下三爻以第二爻为“中”。两“中”并建，表示“中”有许多，而并没有一个固定的唯一的“中”可执。“一”就在“两”中，在“多”中。从“两”上，从“多”上，显示出“一”来。所谓“乾坤毁无以见易也”。天下事往往相反相成，“如东西之相反，而不可以相无”。就象思想史上的朱陆两派，本是对立的。然而有朱即不可无陆，有陆即不可无朱。章实斋说他们是“千古不可合之同异，亦千古不可无之同异”。既不漫为调和，也不入主出奴。听其并立而代兴，以观道之大全。这真是一种通识。“万物并育而不相害，道并行而不相悖。”这种思想上的民主精神，是很值得赞扬的。

常听人说：儒者有体有用，佛老有体而无用，申韩有用而无体。这是以道德为体，事功为用，所以如此说。其实体用相连，有是体乃发作用，有是用乃显是体。佛老申韩，各自有其体用。如佛老以虚空为体，以因应为用；申韩以法令为体，以赏罚为用，何尝专有用或专有体，又何尝可以取这个体而合上那个用呢？儒者之体，非佛老之体；儒者之用，非申韩之用；而且单就儒言，体用也不是可以截然分开的。

朱子讲《太极图》谓："……此阴之静，太极之体所以立也……此阳之动，太极之用所以行也。"从阴静阳动上分体用，这是不对的。所以黄梨洲驳他道："太极既为之体，则阴阳皆为其用。"阴阳动静都是"用"，只有太极才是"体"。"用"者，"体"之"用"；阴阳动静者，太极之一阴一阳，一动一静也。倘以其静而阴者为"体"，那么当其动而阳时即无"体"乎？如此则"用"生而"体"即灭，"体"既灭则"用"亦无从生。这如何讲得通呢？并且朱子还要在"中正仁义"上分出阴阳体用来，真是越讲越支离了。若以太极为体，则阴静时也是它，阳动时也是它，犹喜怒、哀乐、作止、语默，总是这个人也。然而人总是在那里或语或默，或作或止的；并没有一个既不语又不默，既不作又不止的人。同样，太极总是在那里一阴一阳，一动一静的；并没有一个既不阴又不阳，既不动又不静的太极。假如真有那么个东西，超然独立于阴阳动静以外，那么它也将与阴阳并立而为三，就不成其为太极了。由此可知"用"虽由"体"而生，但离"用"实亦无从别求所谓"体"。那正和"一"不离"多"，"常"不离"变"一样。大概儒者总在"用"上讲，所谓"流行即是本体"，他们是不大喜欢悬空去讲什么本体的。如"中庸"的"庸"字，即应作"用"字讲。“中庸”者，中之“用”也。《中庸》全书都是讲“中”之“用”。“庸德”“庸言”“庸行”，也是说“日用之德”，“日用之言”，“日用之行”。唯其是“日用”，所以又可引申为“寻常”之义。儒者所讲都是日用寻常之道，亦正因其只在道之“流行”上，只在“用”上讲也。

可也奇怪！以庄子那样谈玄说妙，力探本体，然而在《齐物论》中偏偏提出来个“寓诸庸”。他并且解释道：“庸也者，用也；用也者，通也；通也者，得也。适得而几矣。”只要“适得”，走得“通”，合乎“用”，就可以。这简直是一种“唯用论”了。并且他不干脆说个“用”字，而偏说个“庸”字，恐怕也是取“日用寻常”之义。这样一来，和儒者竟像成了同调。然“庸”而曰“寓”，可见他仍不死心塌地安住在“庸”上，而只是顺便寄托一下，好象神仙应迹显化似的，他心中实自有一种玄妙的真体在。其实连最称玄妙，直悟本体的“禅”，也自托于日用寻常。所谓“至理并妙道，运水与搬柴”，他们是要从日用寻常中看出至理妙道来。还有最近“禅”的杨慈湖，其学说玄妙极了，然而他偏口口声声地说自己的道是“庸常平直”。越说得平常，越显出玄妙。试看《中庸》和《易传》，何尝有此气味。由此益可见原始儒者布帛菽粟之言真不可及了。

宋明道学家受佛老影响，每好讲“心体”，“道体”，和原始儒家的朴素面貌颇有些不类。自周濂溪的“主静立极”，程门的“求未发之中”，直至刘蕺山的“懔闲居以体独”，都是要在“体”上下功夫。“主静立极”之说，也是以“静”言“体”，似乎和朱子相同。其实不然。因为濂溪既明明自注“无欲故静”，蕺山更加以说明道“循理为静，非动静对待之静”，而朱子所说的“静”，恰好与“动”相对。故“主静立极”之说可通，而谓“阴静”为“太极之体所以立”者，其说不可通也。试看《通书·动静》章，当可领会濂溪本旨。但无论讲通与否，总之他们都着重那个“体”。直到颜习斋出来，高唱习行主义，说尧舜周孔都是教天下以“动”之圣人，才干脆丢开那个“体”，而专从“用”上立说，这是我们思想史上一个划时代的变迁。

九、行知

不离“行”而言“知”，是我们民族哲学的一个特色。比着西洋学者，我们可算是缺乏纯知识的兴趣。他们有许多哲学问题，叫我们看来，简直是一种“戏论”，一种知识的游戏。近年来他们虽然也很提倡行动主义，但究竟还是我们讲得道地些，因为我们从来就是不离“行”而言“知”的。我们先哲对于“知”的看法，简直可说是for the“行”，by the“行”，of the“行”。荀子说：“万物之怪书不说，无用之辩，不急之察，弃而不治。若夫君臣之义，父子之亲，夫妇之别，则日切磋而不舍也。”（《天论》）他只讲关于“行”的“知”，而不讲无关于“行”的“知”。孟子亦说：“智者无不知也，当务之为急。……尧舜之智，而不偏物，急先务也。”又说三代之学，皆所以明人伦。所谓“人伦”，所谓“先务”，正是荀子所说“日切磋而不舍”的君臣父子那一套，全是属于“行”和为着“行”的。而这些关于“行”的“知”，亦正由“行”中，由日常生活、日常实践中，体验推求出来，并非茫茫荡荡，空想，外骛；所谓“切问”而“近思”者此也。这可以说是一种“唯行论”，或“行为中心主义”。

一提到“唯行论”，我们很容易联想起颜李学派，这是当然的，因为他们专讲实习实行。然而还有一个重要人物我们不应忽略的，那就是王阳明。尽管表面上他讲得那样玄妙不易捉摸。但实际上他也是以“行”为中心的。他的知行合一论，本是正对着从“知”入手的朱学而发。他认为：“未有不行而可以言学者，则学之始固已是行矣。”他从“行”入手去“学”，有“行”不通处，然后“问”，然后“思”，然后“辨”，都弄明白了，然后再来个“笃行之”。始于“行”，终于“行”。而“知”只是“行”中间的一个过程，为“行”所使用的一种工具。所谓“博文”是“约礼”的工夫，“惟精”是“惟一”的工夫，“格物”是“诚意”的工夫，“明善”是“诚身”的工夫，“道问学”是“尊德性”的工夫，都从此推演出来。他完全是就“行”上讲“知”的。其实就连朱子，虽然把“知”“行”分开，并且先“知”而后“行”，但此不过入手处不同，其中心究竟还是放在“行”上，他所讲的“知”仍是荀子所谓“日切磋而不舍”的关于“行”的“知”。他究竟不是空谈理论，或漫为博闻强识，他究竟不是为知识而求知识。老实说，不仅颜李，也不仅阳明和朱子，在所有中国传统哲学中，尽管形式上，程度上，有种种差异，但大部分学者总都是趋向“唯行论”的。

这种“唯行论”自然也有毛病，容易把知识学问拘限在一种狭隘简陋的境地中，而不能有精深严密的专门造诣。因为有许多专门知识不一定直接牵涉到“行”上。如果持极端的“唯行论”观点，那么许多科学知识将被视为琐屑，诡异，耍把戏。我们的传统思想，重“道”而轻“艺”，就和这有关系。照这样看法，解剖一个虫、一只鸟，分析一滴水、一撮土，死啃一个名词，细演一列公式，何关于天德、王道。可是这样一来，什么生物学、化学、逻辑……许多科学，就都无成立之望。我们过去历史上本有多少科学萌芽，其所以不能发育成熟，真正建立起一套科学体系者，其症结就在一般学者只注意天德、王道，而不重视那些关于事事物物的琐屑知识。正因为太重“行”，其结果反于“行”不利，这是我们应当反省的。我们应该发展各种专科知识使为我们的“行”服务，而不应该把这些知识看成“行”以外的东西，而加以轻蔑。我们应该“成德”，同时也要“达材”。我们成了“专家”，同时也决不妨害我们做个“通人”，关于这一层，最好看看王阳明的拔本塞源论，和他拿精金喻圣人的一段话。从那里可以得到一种暗示，使我们知道怎样在“唯行论”的立场上去发展我们的“知”。

通常对于“知”有两种恰好相反的错误见解：一个把“知”看得太重要，一个是把“知”看得太不重要。前者务于使人“知”，却忘记了“知难行易”，“不知亦能行”。有许多事，对于许多人，本来只可使“由之”，不可使“知之”。孔子说：“尧舜之世，比屋可封，弗知焉耳。”“人莫不饮食也，鲜能知味也。”如何能都使人“知”，又何必都使人“知”呢？后者专讲“行”，而忽略了“知”，对于“行”的作用，忽略了“知”的本身也就是一种“行”。即如科学家在研究室中的活动，难道不算他的一种“行”，而必须更叫他去“行”什么呢？

十、王霸

我们先哲有所谓“内圣外王”之学，圣功王道，一以贯之。可是另外还有一种“霸道”，和“王道”正相对立，形成中国政治思想史上两大基本路线。从具体内容上讲，无论“王道”或“霸道”，都早已成为历史上的陈迹；然而就其所含抽象的意义讲，直到现在，还值得玩味。

我们先哲最严于“义利之辩”，深一层讲，就是所谓“理欲之辩”，而其表现于政治上的，就是王霸之辩。王道尚“德”，霸道尚“力”；王道重“礼”，霸道重“法”；王道贵“义”，霸道贵“利”；王道出乎“天理”，霸道出乎“人欲”。总之，照孙中山先生的说法，王道是讲“公理”的，霸道是讲“强权”的。我们倘若不拘泥王道和霸道的具体历史内容，专就其所含抽象的意义，就其纯形式方面而言，当然可以这样讲法。我们尽不妨取其远景，把王道看作一种“公理政治”，霸道看作一种“强权政治”。在这种意义上，无论谁当然都是要贵王而贱霸的。

然而事实上中国历代帝王总都是“义利双行，王霸杂用”。即平常讲“有强权，无公理”的亦大有其人。他们总认为什么公理、王道之类，虽然很好，但只是一种美妙的理想，并不能兑现。强权，霸道，虽然说起来不好听，然而“论卑易行”，倒是切合实际的。其实这是一种浅见。就小处看，就短时间看，或许是“强权”得势，“霸道”横行。然而就大处看，就长时间看，综合各方而观其会通，得最后胜利的，究竟还是“王道”和“公理”。“王道”和“公理”，是“日计不足，岁计有余”的。只有从“王道”和“公理”上发生出来的力量，才是最有根基，颠扑不破的真实力量。一班持王道无用论者，总觉得仁义道德是空谈，不济什么事，而其所引为例证者，无非是宋襄公、徐偃王之类。其实这班亡国之君，根本就不懂得什么是“王道”。他们只是浮慕仁义道德之空名，取古人形似而依仿假借之，何尝有一点真精神？又怎么能发生真力量呢？“是集养所生者，非义袭而取之也”。“集养”是一种“真力积久”的功夫。必须时时刻刻，“造次”，“颠沛”，不离乎仁义，积累久了，自然“充实而有光辉”。所谓“盈科而后进”，“有本者如是”。这才能发生出力量，见“王道”之大用。倘若仅是“义袭而取”，从表面抄袭个仁义样子，而素日安身立命地方，满不是那么回事；好似一个穷人骤然借来一套素所未见的华美衣服穿在身上，自己照照镜子，也觉得局促不安。如此而欲克复暴力，发挥“王道”之大用，真所谓杯水车薪，操一豚蹄而祝“穰穰满家”，当然是没有效果的。孟子有言：“五谷者，种之美者也，苟为不熟，不如荑稗。”未熟的五谷还不如荑稗有用处，然而它毕竟还是“种之美名”，我们亦求其“熟”而已矣。对于“王道”，应当作如是观。

当国民革命军北伐时代，北洋军阀的武力本钱胜于革命军，然而被革命军打得如摧枯拉朽。那时候我正给学生讲《孟子》，这才真懂得所谓“委而去之”，“得道多助，失道寡助”，“仁者无敌”，“东征西怨”一类话，决非欺人之谈。从这次抗日战争中，我更觉得战争是整个国力的比赛，军事问题和整个政治问题息息相关。于是乎对于《荀子·议兵》篇的理论，特别叹服。因为他完全是从整个政治问题上谈兵，从整个国力上谈兵，处处从远大地方，从根本地方着眼。“齐之技击不可以遇魏氏之武卒，魏氏之武卒不可以遇秦之锐士，秦之锐士不可以当桓、文之节制，桓、文之节制不可以敌汤、武之仁义。”确乎是持之有故，言之成理，决不是开口唱高调。这些地方如果不能信得过，当然没什么“王道”可讲的。

我们不要把“王道”看得太简单，把“王者”都看成婆婆妈妈的。须知“王者”自有其“聪睿神武”，“天锡勇智”；时而天清地宁，时而风行雷厉，一旦发挥出“德威”来，实非“霸者”所能当。普通的错误，在乎把“王道”和“霸道”简单地平列地对立起来。“王道”合理而没有用，“霸道”有用而不合理。于是乎王霸交杂，而终归于“霸道”。当《慕尼黑协定》前后，外交界有所谓“原则论”和“现实论”的对立。前者既空洞无力，后者则抹杀一切正义，其结果演变成这一次世界大战。前些时我们宋外长曾提出战后计划，主张成立一种“现实性的集体安全机构”，既合理，又适用，把“原则论”和“现实论”有机地统一起来，这正可以说我们“王道”精神的巧妙运用。看那班横行霸道的国际强盗怎样在我们“王道”之前发抖吧！

1943年11月由《前锋报社》出版

1942年曾在《中央周刊》发表，分三期登完

国家新闻出版广电总局
首届向全国推荐中华优秀传统文化普及图书

大家小书书目

经典常谈	朱自清　著
语言与文化	罗常培　著
习坎庸言校正	罗　庸　著　杜志勇　校注
鸭池十讲（增订本）	罗　庸　著　杜志勇　编订
古代汉语常识	王　力　著
国学概论新编	谭正璧　编著
文言尺牍入门	谭正璧　著
日用交谊尺牍	谭正璧　著
敦煌学概论	姜亮夫　著
训诂简论	陆宗达　著
金石丛话	施蛰存　著
常识	周有光　著　叶　芳　编
文言津逮	张中行　著
中国字典史略	刘叶秋　著

古典目录学浅说　　来新夏　著
闲谈写对联　　白化文　著
怎样使用标点符号（增订本）　　苏培成　著

诗境浅说　　俞陛云　著
唐五代词境浅说　　俞陛云　著
北宋词境浅说　　俞陛云　著
南宋词境浅说　　俞陛云　著
人间词话新注　　王国维　著　滕咸惠　校注
苏辛词说　　顾　随　著　陈　均　校
诗论　　朱光潜　著
唐诗杂论　　闻一多　著
诗词格律概要　　王　力　著
唐宋词欣赏　　夏承焘　著
槐屋古诗说　　俞平伯　著
词学十讲　　龙榆生　著
词曲概论　　龙榆生　著
中国古典诗歌讲稿　　浦江清　著
浦汉明　彭书麟　整理

唐人绝句启蒙	李霁野　著
唐宋词启蒙	李霁野　著
古典文学略述	王季思　著　王兆凯　编
古典戏曲略说	王季思　著　王兆凯　编
唐宋词概说	吴世昌　著
宋词赏析	沈祖棻　著
道教徒的诗人李白及其痛苦	李长之　著
闲坐说诗经	金性尧　著
陶渊明批评	萧望卿　著
舒芜说诗	舒　芜　著
名篇词例选说	叶嘉莹　著
唐诗纵横谈	周勋初　著
楚辞讲座	汤炳正　著
	汤序波　汤文瑞　整理
好诗不厌百回读	袁行霈　著
山水有清音	
——古代山水田园诗鉴要	葛晓音　著

门外文谈	鲁　迅　著
我的杂学	周作人　著　张丽华　编
论雅俗共赏	朱自清　著
文学概论讲义	老　舍　著
中国文学史导论	罗　庸　著　杜志勇　辑校
给少男少女	李霁野　著
鲁迅批判	李长之　著
英美现代诗谈	王佐良　著　董伯韬　编
三国谈心录	金性尧　著
夜阑话韩柳	金性尧　著
英语学习	李赋宁　著
漫谈西方文学	李赋宁　著
历代笔记概述	刘叶秋　著
笔祸史谈丛	黄　裳　著
古典诗文述略	吴小如　著
有琴一张	资中筠　著
鲁迅作品细读	钱理群　著
唐宋八大家 ——古代散文的典范	葛晓音　选译

红楼梦考证	胡　适　著	
《水浒传》与中国社会	萨孟武　著	
《西游记》与中国古代政治	萨孟武　著	
《红楼梦》与中国旧家庭	萨孟武　著	
《金瓶梅》人物	孟　超　著	张光宇　绘
水泊梁山英雄谱	孟　超　著	张光宇　绘
《红楼梦》探源	吴世昌　著	
《西游记》漫话	林　庚　著	
细说红楼	周绍良　著	
红楼小讲	周汝昌　著	周伦玲　整理
曹雪芹的故事	周汝昌　著	周伦玲　整理
古典小说漫稿	吴小如　著	
三生石上旧精魂 ——中国古代小说与宗教	白化文　著	
《金瓶梅》十二讲	宁宗一　著	
古体小说论要	程毅中　著	
近体小说论要	程毅中　著	
文学的阅读	洪子诚　著	
中国戏曲	么书仪　著	

中国史学入门	顾颉刚　著　何启君　整理
秦汉的方士与儒生	顾颉刚　著
三国史话	吕思勉　著
史学要论	李大钊　著
中国近代史	蒋廷黻　著
民族与古代中国史	傅斯年　著
五谷史话	万国鼎　著　徐定懿　编
民族文话	郑振铎　著
史料与史学	翦伯赞　著
唐代社会概略	黄现璠　著
清史简述	郑天挺　著
两汉社会生活概述	谢国桢　著
中国文化与中国的兵	雷海宗　著
两宋史纲	张荫麟　著
明史简述	吴　晗　著
北宋政治改革家王安石	邓广铭　著
从紫禁城到故宫——营建、艺术、史事	单士元　著
史学遗产六讲	白寿彝　著

司马迁之人格与风格	李长之　著
司马迁	季镇淮　著
唐王朝的崛起与兴盛	汪　篯　著
二千年间	胡　绳　著
论三国人物	方诗铭　著
考古发现与中西文化交流	宿　白　著
中国古代国家的历史特征	张传玺　著
艺术、神话与祭祀	张光直　著
	刘　静　乌鲁木加甫　译
中国古代衣食住行	许嘉璐　著
中国古代史学十讲	瞿林东　著

黄宾虹论画	黄宾虹　著
中国绘画史	陈师曾　著
和青年朋友谈书法	沈尹默　著
中国画法研究	吕凤子　著
桥梁史话	茅以升　著
中国戏剧史讲座	周贻白　著
俞平伯说昆曲	俞平伯　著　陈　均　编

新建筑与流派	童　寯　著
论园	童　寯　著
拙匠随笔	梁思成　著　林　洙　编
中国建筑艺术	梁思成　著　林　洙　编
沈从文讲文物	沈从文　著　王　风　编
中国画的艺术	徐悲鸿　著　马小起　编
中国绘画史纲	傅抱石　著
中国舞蹈史话	常任侠　著
海上丝路与文化交流	常任侠　著
世界美术名作二十讲	傅　雷　著
中国画论体系及其批评	李长之　著
金石书画漫谈	启　功　著　赵仁珪　编
吞山怀谷——中国山水园林的艺术	汪菊渊　著
中国古代音乐与舞蹈	阴法鲁　著　刘玉才　编
梓翁说园	陈从周　著
旧戏新谈	黄　裳　著
民间年画十五讲	王树村　著　姜彦文　编
民间美术与民俗	王树村　著　姜彦文　编

长城史话	罗哲文　著
中国古园林概说	罗哲文　著
现代建筑奠基人	罗小未　著
世界桥梁趣谈	唐寰澄　著
如何欣赏一座桥	唐寰澄　著
桥梁的故事	唐寰澄　著
园林的意境	周维权　著
万方安和 ——皇家园林的故事	周维权　著
现代建筑的故事	吴焕加　著
中国古代建筑概说	傅熹年　著
国学救亡讲演录	章太炎　著　蒙　木　编
简易哲学纲要	蔡元培　著
大学教育	蔡元培　著 北大元培学院　编
老子、孔子、墨子及其学派	梁启超　著
中国政治思想史	吕思勉　著
天道与人文	竺可桢　著　施爱东　编

春秋战国思想史话	嵇文甫　著
晚明思想史论	嵇文甫　著
新人生论	冯友兰　著
中国哲学与未来世界哲学	冯友兰　著
谈美书简	朱光潜　著
中国古代心理学思想	潘　菽　著
民俗与迷信	江绍原　著　陈泳超　整理
佛教基本知识	周叔迦　著
儒学述要	罗　庸　著　杜志勇　整理
希腊漫话	罗念生　著
佛教常识答问	赵朴初　著
大一统与儒家思想	杨向奎　著
孔子的故事	李长之　著
西洋哲学史	李长之　著
乡土中国	费孝通　著
社会调查自白	费孝通　著
经学常谈	屈守元　著
墨子与墨家	任继愈　著
汉化佛教与佛寺	白化文　著
中西之交	陈乐民　著

出版说明

“大家小书”多是一代大家的经典著作，在还属于手抄的著述年代里，每个字都是经过作者精琢细磨之后所拣选的。为尊重作者写作习惯和遣词风格、尊重语言文字自身发展流变的规律，为读者提供一个可靠的版本，“大家小书”对于已经经典化的作品不进行现代汉语的规范化处理。

提请读者特别注意。

北京出版社